LUST AUF GENUSS!

Kochpläne von Architekten und Ingenieuren

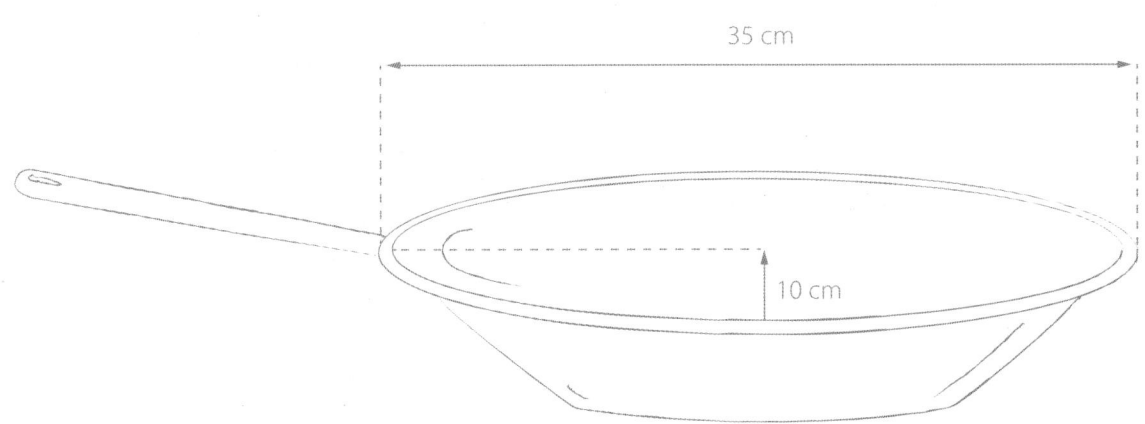

35 cm

10 cm

KOCHEN UND PLANEN

VORWORT

Uwe Lemcke, Vorsitzender der Geschäftsführung

Auf den ersten Blick erkennt man keine Gemeinsamkeiten zwischen Restaurants und Planungsbüros. Bei genauer Betrachtung zeigt sich jedoch, dass beim Führen eines Restaurants und Zubereiten von Menüs viele Tätigkeiten erforderlich sind, die mit dem Planungsprozess von Bauprojekten zu vergleichen sind. Die Komplexität der Aufgabe, ein mehrgängiges Menü für etwa 20 Personen im Überblick zu behalten, hat mich beim gemeinsamen Kochen mit Carsten Loll beeindruckt. Mit zwei Teams, die erfolgreich den Neubau der 50Hertz Firmenzentrale in Berlin und des internationalen Seehafens in Turkmenbashi begleitet haben, durften wir uns von dem Chefkoch inspirieren lassen. Die vielfältigen Arbeitsschritte haben wir unter den wachsamen Augen des Chefkochs oder auch Projektleiters, der jeden Schritt geplant und koordiniert hat, gemeistert. Der Projekterfolg stellte sich am Ende eines spannenden Prozesses in Gestalt von mehreren köstlichen Gerichten ein. Einen herzlichen Dank an Carsten Loll und all unsere Mitarbeiterinnen und Mitarbeiter, deren Lieblingsrezepte ihren Weg in das Kochbuch gefunden haben.

Carsten Loll, Inhaber und Chefkoch im „CarLo 615"

Planung und Organisation sind die Eckpfeiler in jeder Restaurantküche. Ähnlich wie bei Architekten und Ingenieuren zählt jedes Detail, die Abläufe müssen funktionieren, damit die Gäste zufrieden sind. Entscheidend ist dabei die Qualität der Materialien und Produkte: Hier setze ich auf frische regionale Zutaten. Mecklenburg-Vorpommern bietet als Flächenland eine große Vielfalt an landwirtschaftlichen Produkten, die verantwortungsbewusst produziert und natürlich im Geschmack sind. Passend zum hanseatischen Flair sind Fischgerichte eine Spezialität in meinem Restaurant „CarLo 615" direkt am Stadthafen Rostock. Ich mag den kreativen Prozess beim Kochen, der dem Entwerfen ähnelt, deshalb gibt es immer wieder neue, auch überregionale Geschmackserlebnisse auf unserer Karte. Genuss und gutes Essen sind wichtig, lassen Sie es sich schmecken!

INHALT

ALLE REZEPTE
AUF EINEN BLICK

PREIS-MENÜ

TEAMARBEIT MIT CHEFKOCH

Fotos: @50Hertz

50HERTZ
INGENIEURPREIS MV 2017

In Berlin-Mitte wurde auf einer Fläche von 8.145 m² das 50Hertz Netzquartier neu errichtet. Das Bürogebäude für etwa 650 Mitarbeiterinnen und Mitarbeiter ist das Deutschlandhauptquartier von 50Hertz und integriert die TCC Ersatzleitwarte. Inros Lackner war innerhalb der Generalfachplanung federführend für Fassadenplanung, Statik, Geotechnik, Haustechnik, Brandschutz, thermische Bauphysik und Energiedesign verantwortlich.

Das Projektteam wurde für die anspruchsvollen Planungsleistungen mit dem Ingenieurpreis Mecklenburg-Vorpommern 2017 ausgezeichnet. Die Jury würdigte insbesondere das offene Tragwerkskonzept mit großen Glasfassaden und das Lösen der besonderen Anforderungen an die Beheizung, die Raumlufttechnik und den Energiebedarf. Das Gesamtvorhaben wurde von den führenden Zertifizierungssystemen (DGNB und LEED) für nachhaltiges Bauen mit Gold ausgezeichnet. Zudem erhielt das 50Hertz Netzquartier als erstes Gebäude weltweit die Auszeichnung „DGNB Diamant".

Das 14-geschossige Hochhaus wird von Stahlbetonstützen und -flachdecken getragen, die Gebäudekerne stehen gegen die Senkrechte geneigt. Die äußere Stützenreihe stellt ein geschossübergreifendes Stahl- und Verbundtragwerk aus schräg stehenden, netzartig angeordneten Stützen dar. Der Entwurf basiert auf einem Wettbewerbsbeitrag des Grazer Architekturbüros LOVE architecture and urbanism. Aufgrund der integrierten Ersatzleitwarte waren erhöhte Sicherheitsanforderungen zu berücksichtigen.

Auftraggeber:
50Hertz Transmission GmbH

Bearbeitungszeitraum:
2013–2016

Projektdaten im Überblick:
BGF ca. 25.000 m²

Planungsumfang:
Generalfachplanung (Lph. 1 bis 8)

TURKMENBASHI INTERNATIONAL SEAPORT
ERÖFFNUNG 2018

Auftraggeber:
Ministerium für See- und Binnenverkehr
Turkmenistan

Bearbeitungszeitraum:
2012–2018

Planungsumfang:
Generalplanung einschl. Master- und
Betriebsplanung, Ausschreibung, Bau-
überwachung

Anfang Mai 2018 wurde nach sechsjähriger Planungs- und Bauzeit der Internationale Hafen Turkmenbashi am Kaspischen Meer in Turkmenistan mit einer feierlichen Zeremonie für den Schiffsverkehr freigegeben. Inros Lackner war als Generalplaner für die Planung, Ausschreibung und Bauüberwachung des neuen, schlüsselfertigen Hafens verantwortlich. Mit einer Gesamtinvestitionssumme von etwa 1,5 Mrd. USD ist es eines der größten Hafenbauprojekte in Zentralasien – die neue Verkehrsdrehscheibe zwischen Asien und Europa. Das Projekt wurde zu seiner Fertigstellung unter anderem mit einem Logistik- und Umweltschutzpreis ausgezeichnet.

Der Großauftrag ist ein wichtiger Erfolg und ein Beleg für die internationale Reputation im Bereich der Planung komplexer Hafenbauprojekte. Die Planung des Hafens erfolgte nach den Green-Port-Standards, um dem empfindlichen Ökosystem des größten Binnensees der Welt gerecht zu werden. Auf einer Gesamtfläche von mehr als 130 ha entstanden neue Fähr-, Passagier-, Stückgut-, Schüttgut- und Containerterminals. Zudem wurde ein bestehender Eisenbahn-Fährhafen modernisiert und eine komplette Schiffswerft einschließlich Schiffslift errichtet. Darüber hinaus wurden eine vollständig neue Hafenanbindung mit Gleis- und Rangieranlage, eine autobahnähnliche Verkehrsanbindung sowie hafenaffine Servicegebäude (z. B. Krankenhaus, Feuerwehr) realisiert. Die geplante jährliche Umschlagkapazität des Hafens beträgt etwa 17 Mio. Tonnen.

Projekt-Teams und Chefkoch
Technische und kulinarische Crossover-Küche

Zum einfachen Nachkochen

6-GÄNGE-MENÜ VON CHEFKOCH CARSTEN LOLL

PREISVERDÄCHTIG

(4 Personen)

Petersilien-Mandel-Pesto | I

Liste der Zutaten:
- » 200 g Petersilie (kraus)
- » 50 ml kalt gepresstes Rapsöl
- » 50 g Mandeln
- » 50 g Parmesan (gerieben)

Ablaufplanung Pesto:

1 Alle Zutaten in einen Küchenmixer geben, zu einer cremigen Paste verarbeiten

Kartoffel-Senf-Suppe II

Liste der Zutaten:
- » 200 g Kartoffeln
- » 100 g Crème fraîche
- » 400 ml Gemüsebrühe
- » 50 g körniger Dijonsenf
- » 10 g Kartoffelstärke

Ablaufplanung Suppe:

1 Kartoffeln weich kochen, mit der Gemüsebrühe im Küchenmixer sämig pürieren, Crème fraîche und Dijonsenf hinzufügen, mixen

↓

2 Nach Bedarf Kartoffelstärke zum Andicken der Suppe verwenden

Warm gebeizter Lachs, mit nordischen Aromen verfeinert, gegrillte Rote Bete, Sesam-Gurken-Pappardelle   III

Liste der Zutaten:

» 400 g frisches (!) Lachsfilet
» 200 g Rote Bete (gekocht, geschält)
» 1 Salatgurke
» 1 Zitrone
» 1 Limette (unbehandelt)
» 100 ml kalt gepresstes Rapsöl
» Wiberg „Nordic Flair" (skandinavische Gewürzmischung)
» 50 g Sesam (geschält)
» 20 ml Sesamöl
» jeweils eine Prise Meersalz und Chili

Ablaufplanung:

1. Lachsfilet mit der Hautseite in eine backofengeeignete Form geben

   ↓

2. Fisch mit 2–3 Prisen Wiberg „Nordic Flair" (Gewürzmischung) einreiben

   ↓

3. Limettenschale abreiben, Saft von Zitrone und Limette sowie Rapsöl über dem Fischfilet verteilen

   ↓

4. 10 Min. bei 250 °C Unterhitze im Ofen garen

   ↓

5. Rote Bete in ca. 1 cm dicke Scheiben schneiden

   ↓

6. 2–3 Min. auf dem Grill von jeder Seite erhitzen

   ↓

7. Sesam in einer beschichteten Pfanne golden rösten

   ↓

8. Sesamöl, Meersalz und Chili hinzufügen

   ↓

9. Salatgurke schälen, mit dem Sparschäler der Länge nach breite Gurkenstreifen herunterschneiden, Gurkenkerngehäuse nicht verwenden

   ↓

10. Gurken-(Pappardellen-)Streifen durch das Sesam-Dressing ziehen

   ↓

11. Alle Komponenten portionieren und anrichten

Quesadilla-Wraps gefüllt
mit Käse und Tomate IV

Liste der Zutaten:

- » 4 Weizenwraps (Ø 30 cm)
- » 100 g Cheddar (gerieben)
- » 100 g Mozzarella (gerieben)
- » 2 reife (Eier-)Tomaten

Ablaufplanung:

1. Tomaten würfeln, Kerne entfernen

   ↓

2. Tomatenwürfel und Käse-Mix auf 2 Weizenwraps verteilen

   ↓

3. Übrige 2 Wraps als Deckel auf die belegten Wraps legen

   ↓

4. Quesadillas auf dem vorgeheizten Pizzastein von beiden Seiten backen

   ↓

5. Mit dem Pizza-Roller aufschneiden und genießen

Kalbstafelspitz, geschmorter Hokkaido-Kürbis, Blumenkohl und Perlgraupen-risotto mit Sonnenblumenkernen V

Liste der Zutaten:
- » 400 g Kalbstafelspitz
- » ½ Hokkaido
- » 1 kleiner Blumenkohl
- » 100 g Perlgraupen
- » 50 g Sonnenblumenkerne
- » 250 ml Gemüsebrühe
- » 50 ml Weißwein
- » 50 g Parmesan (gerieben)
- » Wiberg „Grill-Brasil" (Gewürzsalz), Salz und Pfeffer

Ablaufplanung:

1 Kalbstafelspitz mit Wiberg „Grill Brasil" (Gewürzsalz) einreiben, in Vakuumfolie geben, im Vakuumierer Luft komplett entziehen und einschweißen

↓

2 Im Sous-Vide-Garer bei 58 °C 2 Stunden garen

↓

3 Hokkaido entkernen, in schmale Streifen schneiden, auf ein Backblech geben, mit Rapsöl sparsam beträufeln

↓

4 Auf den Grill legen, mehrmals wenden, bis das Kürbisfleisch weich ist

↓

5 Blumenkohl-Röschen vom Strunk trennen, im kochenden Wasser ca. 20 Min. blanchieren

↓

6 Perlgraupen mit der Gemüsebrühe und dem Weißwein zubereiten, mit Salz und Pfeffer abschmecken, Parmesan unterheben

↓

7 Sonnenblumenkerne in einer beschichteten Pfanne anrösten, zum Schluss über das Perlgraupenrisotto geben

↓

8 Alle Komponenten portionieren und anrichten

Crème-brulée-Törtchen mit Blaubeeren und weißer Schokolade   VI

Liste der Zutaten:

» 1 Rolle Blätterteig (frisch aus der Kühlung)
» 250 ml Vanillesoße
» 2 Eigelb
» 100 g Blaubeeren
» 50 g Schokoladendrops (weiße Schokolade)
» Zitronensorbet (empfohlen von Bruno Gelato)
» Weintrauben

Ablaufplanung:

1 Blätterteig in 8 gleich große Rechtecke zerteilen, in die eingefetteten Mulden eines Muffinbackblechs legen, die Ecken überstehen lassen

↓

2 2 Eigelb in die Vanillesoße einrühren, Creme in die Blätterteig-Mulden füllen

↓

3 Blaubeeren und Schokoladendrops auf der Crème brulée verteilen

↓

4 Ecken des Blätterteigs über der Füllung zusammenklappen

↓

5 Crème-brulée-Törtchen bei 180 °C ca. 15 Min. goldbraun backen

↓

6 Törtchen vorsichtig aus der Form lösen und zusammen mit frischem Zitronensorbet servieren

Viel Spaß beim Nachkochen wünscht:
Carsten Loll

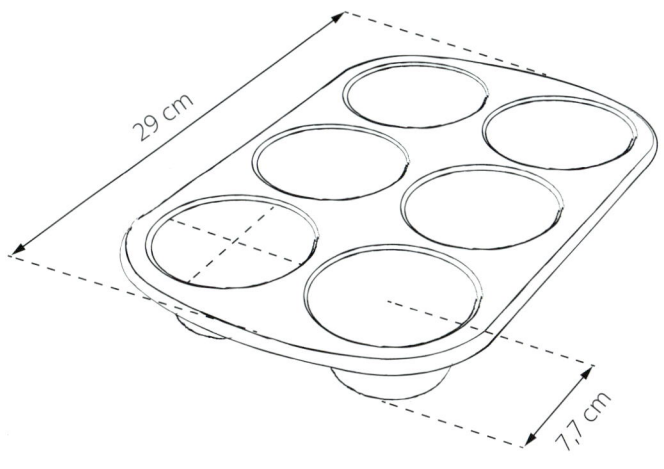

29 cm

7,7 cm

KOCHPLÄNE FÜR DEN ALLTAG

EINZELWERKE UND TEAMREZEPTE

Liebling des Jahres

GRÜNER FRÜHSTÜCKS-SMOOTHIE

NAHRHAFTER DRINK

(2 Personen)

Liste der Zutaten:

- » 4 Handvoll Babyspinat (frisch)
- » 4 Stängel Petersilie
- » 1 Birne
- » 1 Banane
- » 1 EL Baobab-Frucht
- » ca. 200 ml Wasser (nach Belieben mehr oder weniger)
- » 4 Eiswürfel
- » 1 TL Traubenkernöl

Birgit Bauer

Verwaltung

Ablaufplanung:

1. Alles in den Mixer, bis auf das Öl, sämig mixen

2. Von Stufe 1 langsam auf höchste Stufe, je nach Mixer bis zu 1 Min. mixen

3. Fast zum Schluss das Öl dazugeben

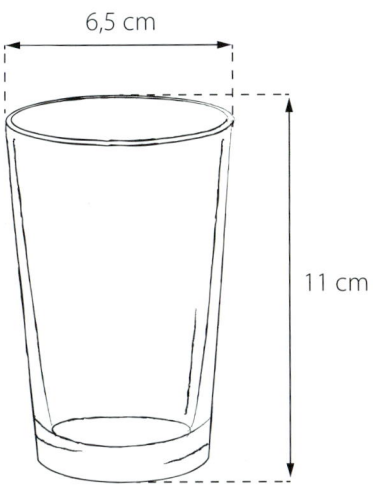

6,5 cm

11 cm

»Mein Powerdrink: Am Morgen frisch gemixt, kann die grüne Vitaminbombe in einem Glas oder einer Flasche mit an den Schreibtisch.«

Gesund aus dem Glas

SCHNELLES PORRIDGE

BUNTER MIX FÜR EIN FRÜHSTÜCK IM BÜRO

(1 Portion)

Liste der Zutaten:

» 200 ml Milch (oder Joghurt)
» 6 EL Haferflocken & Co* (in einem großen Einmachglas)
» Banane, Auswahl an Lieblingsobst und Nüssen

* Zum Verfeinern: Rosinen, Cranberrys, Datteln, Leinsaat oder
  Chia-Samen (eine Handvoll in das Einmachglas zu den Haferflocken)

Rebecca Kain
Umweltplanung

Ablaufplanung:

1. Kleiner Schluck kochendes Wasser über die Haferflocken, kurz quellen lassen

   ↓

2. Parallel dazu das Obst schneiden, Nüsse klein hacken, alles in das Glas geben

   ↓

3. Milch erwärmen, über die Haferflocken geben (optional Joghurt verwenden)

   ↓

4. Prise Zimt und Zucker dazugeben, garnieren mit frischer Minze

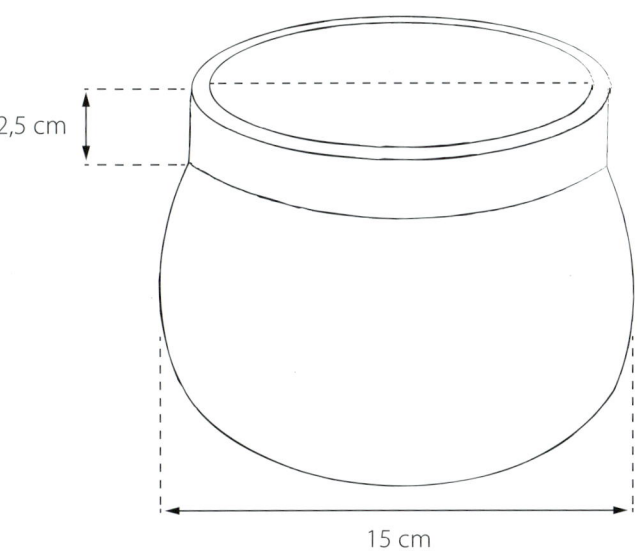

2,5 cm

15 cm

Markus Schuckert

Wasserbau

Französische Spezialität

CAKE AUX OLIVES ET JAMBON
SALZIGE VORSPEISE ZU WEIN UND SEKT

(1 Brotlaib)

Liste der Zutaten:

» 4 Eier (Größe M)
» 250 g Mehl
» 200 g Schinken oder Schinkenwürfel
» 100 g Reibekäse
» 200 g Oliven, grün, entkernt
» 1 Päckchen Backpulver
» 10 cl Weißwein, trocken
» 10 cl Olivenöl
» Kräuter der Provence zum Verfeinern
» Prise Salz

Ablaufplanung:

1. Schinken klein würfeln, Oliven vierteln

2. Weißwein, Öl und Eier schaumig schlagen, mit Mehl und Backpulver verrühren

3. Käse, Schinken und Oliven zum Teig dazugeben, mit Kräutern verfeinern und alles mischen

4. Teig in eine gefettete, mit Mehl bestreute Kastenform geben, im vorgeheizten Ofen bei 190 °C Umluft ca. 45 Min. backen

»Dieser besondere salzige Kuchen eignet sich als Snack oder Vorspeise, zu Wein und Sekt. Auch mit Käse und Schinken ist der Cake aux olives ein besonderer Genuss!«

✳ Nachtrag für unterwegs:

Alternativ zur Kastenform können auch Muffinformen genutzt werden. Dazu ca. 1 gehäuften EL Teig in jedes Förmchen geben. Die Backzeit beträgt etwa 30 Min.

Ulrike Hahn

Ingenieurbau

Sultans Freude nachempfunden

DATTEL-CURRY- FRISCHKÄSE
FÜR DIE BROTMAHLZEIT IM BÜRO

(1 Portion)

Liste der Zutaten:

» 125 g Frischkäse
» 50 g Datteln (getrocknet),
   ersatzweise eignen sich auch
   Rosinen oder andere Trockenfrüchte
» 2 TL Currypulver (Ras el Hanout)
» 2 TL Schwarzkümmel (Achtung! –
   kein normaler Kümmel)
» 3 EL Olivenöl
» evtl. Milch

»Mit diesem Brot-
aufstrich hole ich mir
ein Stück Orient auf
den Tisch, z. B. für den
Snack vorweg.«

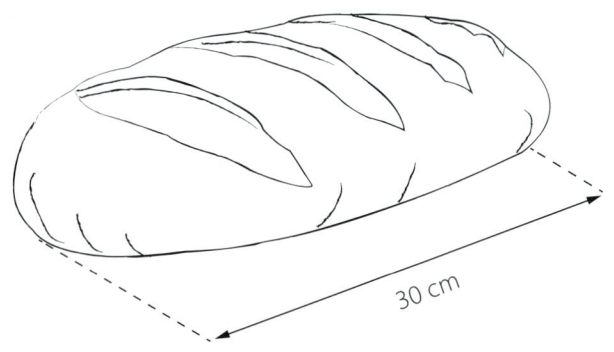

30 cm

Ablaufplanung:

1 — Datteln oder andere Trockenfrüchte fein hacken

2 — Frischkäse mit Datteln, Olivenöl und Gewürzen gut mischen

3 — Etwas Milch unterrühren, wenn die Mischung zu trocken ist

4 — Über Nacht ziehen lassen

Ein Rezept für warme Tage

SOMMERSALAT
MIT APRIKOSEN-WALNUSS-DRESSING

(4–6 Personen)

Liste der Zutaten:

- » 1 Kopf Eichblattsalat (mit anderem Blattsalat mischen)
- » 1 Bund Radieschen
- » 3 Tomaten
- » 3 Scheiben Melone oder Weintrauben
- » 250 g Feta (Schafskäse)
- » 50 g Pinienkerne
- » 2–3 frische Aprikosen
- » 5 Walnusskerne
- » 50 ml Aprikosenessig
- » 50 ml Walnussöl

Christiane Boje

Baumanagement

Ablaufplanung:

1. Pinienkerne ohne Fett in einer heißen Pfanne leicht rösten, abkühlen lassen

   ↓

2. Salat waschen, in mundgerechte Stücke zupfen, optional mit anderen Blattsalaten mischen und in eine Salatschüssel geben

   ↓

3. Radieschen und Tomaten in dünne Scheiben schneiden

   ↓

4. Melonenstücke entkernen und würfeln, wahlweise Weintrauben vierteln

   ↓

5. Feta in kleine Würfel schneiden, alles auf dem Salat verteilen, Pinienkerne darübergeben

   ↓

6. Walnusskerne und Aprikosen klein hacken, mit Essig und Öl verrühren

   ↓

7. Dressing kurz vor dem Verzehr über den Salat gießen und durchmischen

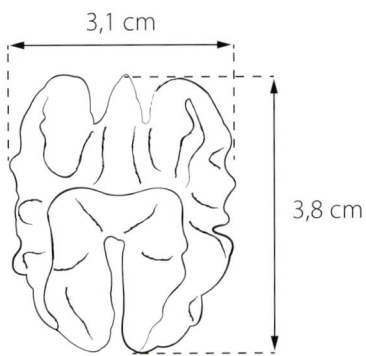

3,1 cm

3,8 cm

Dünn geschnitten

ORANGEN-FENCHEL-SALAT

MIT OLIVEN

(4 Personen)

Liste der Zutaten:

» 4 große Orangen
» 1 große Fenchelknolle
» 1 weiße Zwiebel
» 2 EL natives Olivenöl extra
» 12 große schwarze Oliven (entsteint)
» 1 frische Chilischote
» frische Petersilie

Markus Schuckert und Michael Koban

Wasserbau und Tragwerksplanung

Ablaufplanung:

1. Zwiebel in Ringe, Oliven und Fenchelknolle in sehr dünne Scheiben schneiden, Chilischote entkernen, fein hacken

    ↓

2. Orangen schälen, Fruchtfleisch quer in dünne Scheiben schneiden, Saft auffangen

    ↓

3. Orangenscheiben mit Fenchel und Zwiebel in eine Salatschüssel geben

    ↓

4. Öl mit Orangensaft verquirlen, über den Salat gießen

    ↓

5. Olivenscheiben und Chili (nach Geschmack) zugeben, Petersilie fein hacken, garnieren und mit Baguette servieren

✳ Nachtrag:

Alternativ können Blutorangen für eine auffallende Optik sorgen oder saftige Weintrauben statt Oliven verwendet werden.

Gabriele Krüger

Tragwerksplanung

Erfrischend kühl

TARATOR
KALTE GURKENSUPPE

(4 Personen)

Liste der Zutaten:

» 1 Salatgurke
» 1–2 Knoblauchzehen
» 750 ml griechischer, stichfester Joghurt
» 500 ml kaltes Wasser
» ½ bis 1 TL Salz (je nach Geschmack)
» 2 TL Dill (frisch oder TK)
» 1 EL Sonnenblumenöl
» 200 g Walnüsse

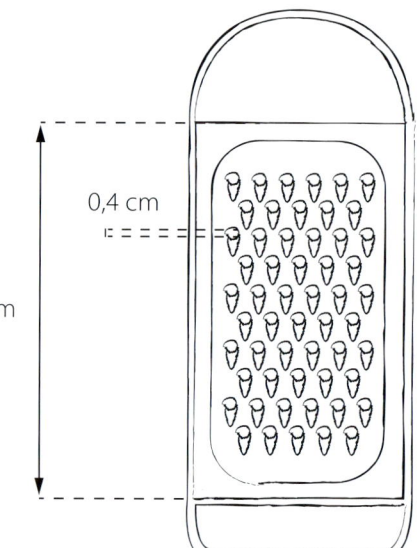

0,4 cm

20 cm

Ablaufplanung:

1 Knoblauchzehen durch die Knoblauchpresse geben, mit Salz vermengen

2 Gurke raspeln (große runde Löcher an der Reibe), Dill (klein geschnitten), Joghurt, Wasser und Öl dazugeben und umrühren

3 In Schalen mit fein gehackten Walnüssen servieren

Birgit Bauer

Verwaltung

Schnell gemixt

BLUMENKOHLSUPPE
MIT CASHEWKERNEN

(4 Personen)

Liste der Zutaten:

» 720 ml Gemüsebrühe
» 1 EL Olivenöl
» ½ TL Salz
» 60 g Lauch (nur das Weiße)
» 200 g Cashewkerne
» 450 g Blumenkohl
   (gedämpft und abgekühlt)
» Petersilie oder Schnittlauch

Ablaufplanung:

1 Brühe, Olivenöl, Salz, Lauch, Cashewkerne und Blumenkohl in einen Mixer geben

2 Mit niedrigster Stufe einschalten, die Geschwindigkeit langsam auf höchste Stufe erhöhen und so lange mixen, bis eine schöne sämige Konsistenz erreicht ist (Suppenprogramm des Geräts nutzen, falls vorhanden)

3 Die Suppe auf Schalen verteilen und garnieren

»Manchmal muss es schnell gehen nach der Arbeit, es soll trotzdem gesund sein und schmecken. Mit der Blumenkohlsuppe gelingt alles gleichzeitig!«

Christiane Schröder

*Controlling / Komplexe
Gebäudeplanung*

Traditionelle Vorspeise

ALTMÄRKISCHE HOCHZEITSSUPPE

NICHT NUR ZUM FEST

(2 Personen)

Liste der Zutaten für die Suppe:

» 400 g Hackfleisch
» 500 g Spargel
» Suppenhuhn
» Suppengrün (Möhren, Sellerie, Porree)
» Salz
» Pfeffer
» frische Petersilie

Liste der Zutaten für den Eierstich:

» ½ Liter Milch
» 4 Eier
» Salz, Muskatnuss

Ablaufplanung:

1 Suppenhuhn mit Suppengrün und etwas Salz gar kochen, herausnehmen und die Brühe durchseihen (Huhn z. B. für Frikassee weiterverwenden)

↓

2 Spargel schälen, in Stücke schneiden und in der Hühnerbrühe gar kochen (oder Spargelstücke gesondert in gesalzenem Wasser mit etwas Zucker und Butter gar kochen und der Brühe zufügen)

↓

3 Hackfleisch würzen, kleine Klößchen formen und in Wasser aufkochen, abgießen und in die heiße Hühnerbrühe geben

↓

4 Milch, Eier und Gewürze mit einem Mixer oder Schneebesen für den Eierstich gut verrühren, in eine eingefettete Form geben und im Wasserbad 30 Min. ziehen lassen (nicht kochen!)

↓

5 Eierstich-Masse abkühlen lassen und stürzen, in kleine Würfel schneiden, zum Anrichten in die Brühe geben

↓

6 Suppe vor dem Servieren mit Salz und Pfeffer abschmecken, fein gehackte Petersilie darübergeben

✳ ## Nachtrag:

Die Hühnersuppe kann mit Gemüseeinlagen, Nudeln und dem Gewürz Liebstöckel abgewandelt werden.

Andrea Schmidt-Schwonbeck
Kommunikation und Marketing

Kräuterküche

ERBSEN-RUCOLA-SÜPPCHEN
MIT FLUSSKREBSEN

(4 Personen)

Liste der Zutaten für die Suppe:

» 125 g Flusskrebsfleisch
» 30 g Rucola
» 1 Zwiebel
» 1 Knoblauchzehe
» 30 g Butter
» 30 g Mehl
» 800 ml Gemüsebrühe
» 300 g Erbsen (TK)
» 150 g Schlagsahne oder Kochsahne
» Salz
» Pfeffer

Liste der Zutaten für die Gemüsebrühe:

» ½ Knolle Sellerie
» 1 Stange Lauch
» 1 ½ große Möhre
» 2 Zwiebeln
» 3 Knoblauchzehen
» Kräuter (z. B. ½ Bund Petersilie, ½ Bund Schnittlauch, ½ Kästchen Gartenkresse)
» ca. 5 EL Salz

Ablaufplanung Gemüsebrühe:

1 Gemüsezutaten grob schneiden, mit den Kräutern kurz pürieren, Salz zum Gemüse geben, unterheben, ein paar Minuten ziehen lassen

↓

2 Noch einmal pürieren, in saubere Schraubgläser oder Weckgläser füllen, gut verschließen (etwa 1 Jahr im Kühlschrank haltbar und auch als Geschenk geeignet)

↓

3 Etwa 2 TL auf 1 Liter Wasser

Ablaufplanung Suppe:

1 Rucola putzen

↓

2 Zwiebel und Knoblauch schälen, fein hacken, in der heißen Butter glasig dünsten, mit Mehl bestäuben, unter Rühren ca. 1 Min. anschwitzen, mit heißer Brühe ablöschen

↓

3 Erbsen, Rucola zufügen (einzelne Blätter aufheben), aufkochen und ca. 7 Min. köcheln lassen, Suppe fein pürieren, Sahne zufügen, mit Salz und Pfeffer abschmecken

↓

4 Vor dem Servieren schaumig aufschlagen, Flusskrebsfleisch abtropfen lassen, auf der Suppe mit Rucola-Blättern anrichten

✳ Nachtrag:

Am besten mit selbst gemachter Gemüsebrühe und einem guten Wein, Empfehlung: Cuvée, trocken (Weingut Barth, Rheinhessen) vom Wein- und Obsthof in Parkentin bei Rostock.

Ingo Aschmann
Geschäftsführung

Ein Wintergericht

MARONENSUPPE
MIT ETWAS ZIMT

(2 Personen)

Liste der Zutaten:

» 400 g Maronen (gekocht, geschält)
» 3 kleine Zwiebeln
» 100 g Butter
» 750 ml Gemüsefond
» 350 ml saure Sahne
» 125 ml Milch
» Salz
» Zucker
» Zimt (gemahlen)

»Maronen sind die Früchte der Edelkastanie, nicht zu verwechseln mit der Rosskastanie. Maronen gelten als Delikatesse und werden vor allem im Herbst und Winter frisch zubereitet.«

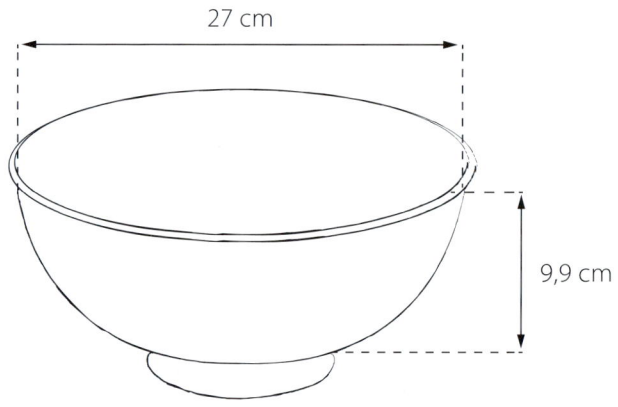

27 cm

9,9 cm

Ablaufplanung:

1. Maronen hacken, eine Handvoll als Dekoration zur Seite legen

2. Butter erhitzen, Zwiebeln darin glasig anschwitzen, gehackte Maronen dazugeben und mit Fond auffüllen, etwa 30 Min. auf kleiner Flamme kochen

3. Sahne und Milch dazugeben, weitere 5 Min. köcheln, mixen, pürieren und mit Gewürzen abschmecken

4. Servieren mit ein paar gehackten Maronen

Oliver Schwarz
Internationale Projekte

Schnell und gesund

SCHARFER BOHNENEINTOPF
MIT VIEL EIWEISS

(2 Personen)

Liste der Zutaten:

» 1 Glas Kidneybohnen
» 1 Glas weiße Bohnen
» 3 Schalotten
» 2 Knoblauchzehen
» 1 rote Chilischote
» 3 EL Olivenöl
» 200 g Kirschtomaten
» 1 EL Paprikapulver
» 1 EL Tomatenmark
» 700 ml Gemüsebrühe
» 50 ml Essig
» 2 Debrecziner (Paprika- oder Brühwürste)

Ablaufplanung:

1. Schalotten und Knoblauch abziehen, fein würfeln

   ↓

2. Chilischote entkernen, in kleine Streifen schneiden, alles in einem Topf mit heißem Öl anbraten

   ↓

3. Tomaten waschen und vierteln, hinzufügen und mit Paprikapulver bestreuen

   ↓

4. Tomatenmark unterrühren, mit Essig ablöschen, Brühe zugießen

   ↓

5. Suppe bei mittlerer Hitze für 30 Min. köcheln

   ↓

6. Pürieren, durch ein Sieb in einen zweiten Topf geben

   ↓

7. Bohnen unter fließendem Wasser waschen, abtropfen lassen

   ↓

8. Bohnen und klein gewürfelte Debrecziner zur Suppe geben

Simon Ohm

Geotechnik

Ein geglücktes Experiment

BACON-WRAPPED POTATO-MUFFINS

HERZHAFTE RÖSCHEN MIT PARMESAN

(6 Stück)

Liste der Zutaten:

- » 4 große Kartoffeln
- » 12 Streifen Bacon
- » 1 Zwiebel (optional)
- » Parmesan
- » Salz, Pfeffer, Knoblauchpulver, Rosmarin- oder Thymianpulver
- » frischer Thymian oder Rosmarin
- » 2 EL Olivenöl

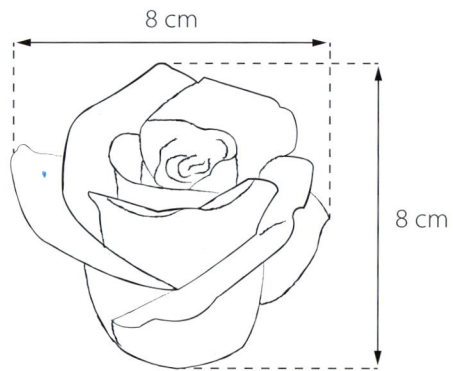

8 cm

8 cm

Ablaufplanung:

1. Ofen auf 200 °C vorheizen

2. Kartoffeln gründlich waschen, Zwiebel schälen und in dünne Scheiben hobeln

3. Alles in einer großen Schüssel mit Öl und Gewürzen (nach Lust und Laune) vermischen

4. Je 2 Streifen Bacon bis etwa zur Hälfte überlappend zu einem langen Streifen aneinanderlegen

5. Gewürzte Kartoffelscheiben nacheinander auf die Bacon-Streifen legen, sodass sich die einzelnen Scheiben ebenfalls überlappen

6. Wahlweise kann man jede 3. oder 4. Scheibe durch eine Zwiebelscheibe ersetzen, Bacon-Streifen vollständig belegen

7. Von einer Seite vorsichtig aufrollen, bis eine Röschen-Form entsteht, in eine Muffin-Form geben, mit den restlichen Zutaten wiederholen

8. 20 Min. im vorgeheizten Ofen bei 200 °C backen, anschließend mit Alufolie abdecken und weitere 30 Min. backen

9. Röschen mit frischem Thymian oder Rosmarin und geriebenem Parmesan bestreuen und weitere 5–10 Min. ohne Folie backen

Sandra Traufeller

Architektur

Eines meiner Lieblingsgerichte

CARPACCIO
MIT ZITRONEN-LIMETTEN-VINAIGRETTE

(2 Personen)

Liste der Zutaten:

» 300 g Rinderfilet
» ca. 70 g Rucola
» Parmesan
» bunter Pfeffer (rot, grün, weiß und schwarz)
  und Koriander gemischt in der Mühle

Liste der Zutaten für die Vinaigrette:

» 1 Limette
» ½ Zitrone
» 3 cl Olivenöl
» 3 cl Sojasoße
» 3 cl süße Sojasoße
» Worcestersoße (ein paar Spritzer)
» Jalapeno-Soße (2–3 Spritzer)

Ablaufplanung:

1 Zwei große, flache Teller bereitstellen

↓

2 Zutaten für die Vinaigrette in einen Dressing-Mixer geben und kräftig durchmischen, danach gleichmäßig auf die Teller verteilen

↓

3 Rinderfilet (Mittelstück) mit einem großen (scharfen!) Fleisch- oder Santokumesser so dünn wie möglich schneiden

↓

4 Fleisch weder einfrieren noch in Folie wickeln

↓

5 Carpaccio auf die Teller verteilen, mit Pfeffer aus der Mühle würzen

↓

6 Nach 10 Min. in der Vinaigrette zerfällt es auf der Zunge

↓

7 Gewaschenen Rucola verteilen, Parmesanflocken darüberstreuen

⊛ Nachtrag:

Dazu Baguette oder Weißbrot reichen, einen Chianti oder Cabernet-Syrah einschenken!

Aram Awetisian

Architektur

Mit Hackfleisch

TOLMA
GEFÜLLTE WEINBLÄTTER

(4 Personen)

Liste der Zutaten:

» 1 kg Hackfleisch (gemischt von Rind und Schwein)
» 1 Handvoll Milchreis
» 1 Zwiebel
» Weinblätter
» je 1 Bund Koriander, Dill, Petersillie, roter Basilikum
  (frisch oder getrocknet)

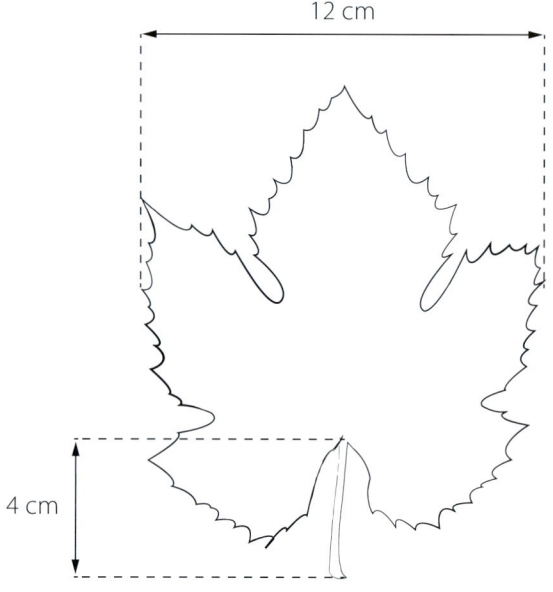

Ablaufplanung:

1. Weinblätter waschen

   ↓

2. Hackfleischmischung in eine Schüssel geben

   ↓

3. Kräuter und Zwiebeln klein hacken, mit dem Milchreis zur Mischung hinzufügen, mit Salz und Pfeffer ausreichend würzen

   ↓

4. Mit den Händen durchkneten, ein- bis zweimal etwas lauwarmes Wasser zugeben, bis die Hackfleischmischung weicher wird

   ↓

5. Weinblätter bereitlegen, raue Seite zeigt nach oben

   ↓

6. 1 TL oder mehr (je nach Blattgröße) von der Hackfleischmasse auf die Stielseite geben

   ↓

7. Einrollen von der Stielseite, auf der Hälfte die Seiten einklappen und zu Ende rollen

   ↓

8. Tolmas in einem Topf vom Rand zur Mitte nebeneinanderlegen, die Tolmas nicht zusammendrücken

   ↓

9. Zweite Schicht in gleicher Weise stapeln usw.

   ↓

10. Topf mit Wasser füllen, bis die letzte Schicht bedeckt ist

   ↓

11. Wasser zum Kochen bringen, bei geringer Hitze 25–30 Min. köcheln

✳ Nachtrag:

Wahlweise kann etwas Naturjoghurt mit gepresstem Knoblauch vermischt werden oder der Joghurt pur zu den heißen Tolmas serviert werden.

Astrid Graw
Kommunikation und Marketing

Gesundes Urkorn

DINKEL-PFANNKUCHEN
MIT BLATTSPINAT UND FETA

(4–6 Personen)

Liste der Zutaten für die Füllung:

» 450 g Blattspinat (TK, frisch ca. 800 g)
» 1 Zwiebel
» 1 Knoblauchzehe
» 50 g Schinkenwürfel (mager)
» 100 g Feta (Schafskäse)
» 50 g Sonnenblumen- oder Pinienkerne
» 1 EL Rapsöl
» 1 Prise Salz
» Pfeffer
» Muskatnuss

Liste der Zutaten für den Pfannkuchenteig:

» 200 g Dinkelmehl
» 4 Eier (Größe M)
» 3 EL Butter
» 1 Prise Salz
» 200 ml Milch
» 100 ml Mineralwasser (mit Kohlensäure)
» 6–7 EL Sonnenblumenöl

Ablaufplanung:

1 Mehl und Eier verrühren, die Butter schmelzen lassen und mit Salz unter den Teig geben

↓

2 Milch ebenfalls nach und nach unterrühren, Teig abschmecken und ca. 15 Min. ruhen lassen

↓

3 Mineralwasser langsam unterrühren, bis ein glatter, zähflüssiger Teig entsteht

↓

4 Frischen Spinat verlesen, waschen und in der Salatschleuder trocknen (optional TK-Spinat auftauen und ausdrücken)

↓

5 Zwiebeln und Knoblauch würfeln, Öl erhitzen, Schinken, Zwiebeln und Knoblauch darin anbraten

↓

6 Spinat zugeben, weitere ca. 5 Min. dünsten, bis die Flüssigkeit fast vollständig eingekocht ist, mit Salz, Pfeffer, Muskatnuss kräftig würzen

↓

7 Feta würfeln, Sonnenblumen- oder Pinienkerne in einer Pfanne ohne Fett rösten, herausnehmen und abkühlen lassen

↓

8 Öl in einer Pfanne (Ø ca. 24 cm) portionsweise erhitzen, aus dem Teig 4–6 Pfannkuchen von jeder Seite goldgelb braten, Pfannkuchen warm halten

↓

9 Fetawürfel unter den Spinat mischen, Hälfte der Sonnenblumen- oder Pinienkerne ebenfalls untermischen

↓

10 Spinat auf etwa einem Viertel jedes Pfannkuchens verteilen

↓

11 Pfannkuchen zu einer Tüte zusammenklappen und mit den übrigen Kernen bestreuen

Hannelore Stempfle

Verwaltung

Am Abend vorher beginnen

LACHS-SPINAT-STRUDEL
ALS FINGERFOOD ODER MIT BEILAGEN

(2 Personen)

Liste der Zutaten:

» 1 Packung Strudelteig
» 1 Packung gefrorener Blattspinat (300 g frischer Blattspinat)
» 250 g Magerquark
» 100 g Emmentaler (gerieben)
» 1 Ei
» 1 Packung geräucherter Lachs
» Salz, Pfeffer
» Parmesan

»Lachs und Spinat aufgerollt kann handlich auf das Büfett, mit ins Büro oder auf den Mittagstisch mit einem frischen Salat oder Ofengemüse.«

Ablaufplanung:

1. Blattspinat auftauen, ausdrücken, klein schneiden

2. Ei, Quark und Emmentaler mit Salz und Pfeffer vermengen

3. Strudelteig (optional 2 Lagen) auf einem Küchentuch ausbreiten

4. Quarkmasse darauf verteilen, Spinat darauf verteilen, salzen und pfeffern

5. Geräucherten Lachs an der vorderen Seite des Strudelteigs verteilen, von hier fest aufrollen, an den Seiten mit einer Schnur zusammenbinden, in kochendes Salzwasser geben, etwa 20–30 Min. leicht köcheln

6. Abkühlen lassen (einen Tag vorher vorbereiten, im Kühlschrank aufbewahren)

7. In 0,5 cm dicke Scheiben schneiden, auf einer Platte anrichten, mit gehobeltem Parmesan garnieren

Auch ein Snack für zwischendurch

SPINAT-BLÄTTER-TEIGTASCHEN

WARM GENIESSEN

(2 Personen)

Liste der Zutaten:

» 1 Packung Blätterteig (ca. 40 cm × 30 cm)
» 100 g gewürfelter Speck
» 1 Zwiebel
» 100 g Schafskäse
» 150 g frischer Spinat
» Pfeffer
» 1 Eigelb zum Bepinseln

Sabine Jochem

Verwaltung

Ablaufplanung:

1. Zwiebel in Würfel schneiden, in einer Pfanne andünsten, Speckwürfel hinzugeben und kurz mitbraten

   ↓

2. Spinat hinzugeben (geputzt und klein gezupft), auch andünsten

   ↓

3. Schafskäse würfeln, hinzugeben und mitbraten, bis eine insgesamt homogene Masse entsteht, mit Pfeffer würzen, Ofen auf 200 °C vorheizen

   ↓

4. Blätterteig aus dem Kühlschrank nehmen, in 8 Rechtecke zerteilen, die untere Rechteckhälfte mittig mit einem Messer 3-mal einritzen

   ↓

5. 2 TL von der Spinatmasse auf jedes Rechteck geben, die untere Hälfte auf die obere Hälfte klappen und mit einer Gabel ringsherum andrücken

   ↓

6. Alle 8 Taschen mit dem verquirlten Eigelb bepinseln

   ↓

7. Bei 200 °C im Ofen (Umluft) etwa 20 Min. backen

Claudia Schütze

Verwaltung

Für Kartoffel-Liebhaber

BÉCHAMELKARTOFFELN
MIT SCHINKENWÜRFELN

(4 Personen)

Liste der Zutaten:

» 2 kg festkochende Kartoffeln
» 125 g Butter
» 2 große Zwiebeln
» 350 ml Milch
» gewürfelter Schinkenspeck
» 250 ml Gemüsebrühe
» etwas Mehl
» Pfeffer, Salz

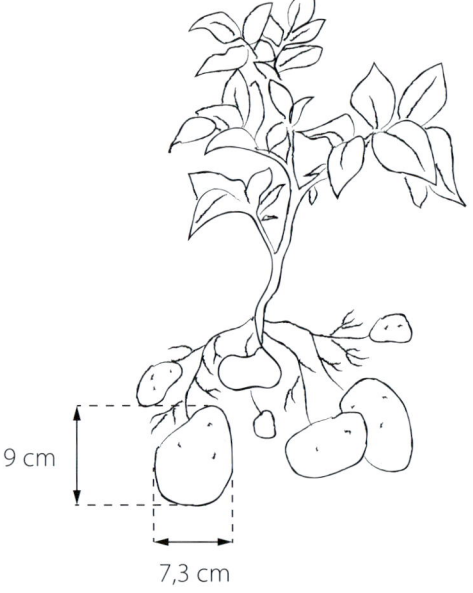

9 cm

7,3 cm

Ablaufplanung:

1. Kartoffeln in Salzwasser kochen, pellen, in Scheiben schneiden

↓

2. Zwiebeln klein schneiden, in einem großen Topf anschwitzen, 250 ml Brühe und 350 ml Milch dazugeben, gut verrühren und aufkochen

↓

3. Kartoffeln dazugeben, alles ein paar Minuten köcheln, Mehlschwitze sämig binden, mit Salz und Pfeffer würzen

↓

4. Kurz vor dem Servieren die Schinkenwürfel dazugeben

»Die Béchamelkartoffeln können als Beilage oder Hauptgang serviert werden. Dieses klassische Kartoffelrezept gelingt und schmeckt immer.«

Hans-Jörg Niemeck
Geschäftsführung

Ein Rezept aus Florida

CAESAR SALAD
MIT HÄHNCHEN ODER GARNELEN

(4 Personen)

Liste der Zutaten:

» 2 Köpfe Römersalat
» 3 Scheiben Toastbrot
» 3 Knoblauchzehen
» 25 g Butter
» 2 Eier
» 2–3 Sardellenfilets (Anchovis)
» 2 TL Dijonsenf
» 2 EL weißer Balsamico-Essig
» 1 EL frisch gepresster Zitronensaft
» 1 TL Worcestersoße
» 5 EL Olivenöl
» 75 g Parmesan
» Salz, Pfeffer, Zucker

(✳) Nachtrag:

Je nach Wunsch können Hähnchen-brustfilet (ca. 400 g) oder Garnelen zum Salat gereicht werden.

Ablaufplanung Salat:

1. Römersalat (nur die Herzen) waschen, in Stücke zupfen

2. Toastbrot entrinden, in kleine Würfel schneiden, 2 Knob-lauchzehen abziehen, in Scheiben schneiden

3. Butter und etwas Salz in der Pfanne erhitzen, das Brot bei schwacher Hitze 3–5 Min. anrösten

4. 2 Eier trennen, Eigelb in eine Salatschüssel geben, Eiweiß wird nicht benötigt

5. 2–3 Sardellenfilets abspülen, trocken tupfen und fein ha-cken, danach unter das Eigelb mischen

Ablaufplanung Dressing:

1. 1 frisch gepresste Knoblauchzehe, Senf, Balsamico, Zitro-nensaft, Worcestersoße, frischen Pfeffer, Salz und eine Prise Zucker mit dem Schneebesen vermengen

2. Eigelb-Sardellen-Mix dazugeben, alles verrühren, nach und nach unter ständigem Rühren sehr gutes Olivenöl (etwa 5 EL) hinzufügen, bis eine cremige Soße entsteht

3. Salat in die Schüssel geben, das Dressing unterheben und etwa 5 Min. ziehen lassen, Croutons und Parmesan darüber verteilen

Janet Jaensch
Buchhaltung

Klassiker der kanarischen Küche

RUNZEL-KARTOFFELN
MIT AVOCADO-MOJO

(4 Personen)

Liste der Zutaten:

» 500 g kleine, junge Kartoffeln
» 1 reife Avocado
» Meersalz
» 1 Knoblauchknolle
» ½ TL Salz
» 1 kleiner Schuss Weißweinessig
» 1 Bund Petersilie oder Koriander
» ca. 200 ml Öl
» ½ TL Kreuzkümmel

»Der Spanier würde sagen: Papas arrugadas con mojo aguacate.«

Ablaufplanung Kartoffeln:

1 Kartoffeln waschen und mit stark gesalzenem Wasser kochen (Meersalz)

2 Wasser abgießen, Kartoffeln auf kleiner Flamme im Topf schwenken, bis das Salz an den Schalen kristallisiert und sich die Kartoffeln leicht runzeln

Ablaufplanung Avocado-Mojo:

1 Knoblauch schälen, etwas zerteilt in ein schmales hohes Gefäß geben

2 Salz, Kreuzkümmel und Essig dazugeben und mixen

3 Petersilie oder Koriander waschen, Stängel abzupfen und zusammen mit dem Fruchtfleisch der Avocado in das Gefäß geben und mixen, Öl dazugeben, bis die gewünschte cremige Konsistenz erreicht ist

✳ Nachtrag:

Dazu passt Fisch, egal ob gebraten, gegrillt oder im Backofen zubereitet, sowie Algensalat und Antipasti.

Kleine herzhafte Küchlein

GEBACKENE AUBERGINEN

MIT FRISCHER TOMATENSOSSE

(4 Personen)

Liste der Zutaten für die Auberginen:

- » 1 große Aubergine (ca. 700 g)
- » 4–5 EL Öl
- » 1 Ei
- » 2 Knoblauchzehen, geschält
- » 4 EL gehackte glatte Petersilie
- » 130 g frische Semmelbrösel
- » 90 g frisch geriebener Hartkäse
- » 90 g Paneer (indischer Käse) oder Feta (Schafskäse)
- » Salz, Pfeffer
- » 3 EL Mehl

Liste der Zutaten für die Tomatensoße:

- » 600 g reife Tomaten
- » 3 EL Öl
- » 1 TL frischer Thymian
- » Salz, Pfeffer

Ablaufplanung Tomatensoße:

1 Tomaten kurz überbrühen, häuten, entkernen und klein würfeln

↓

2 Öl in einer Pfanne erhitzen, Tomaten und Thymianblättchen darin 2–3 Min. schwenken, salzen und pfeffern

Teamrezept Personalabteilung

*Maren Plikat, Christina Babbel, Sophie Wulf,
Kerstin Nehring*

Ablaufplanung Auberginen:

1 Backofen auf 190 °C vorheizen, Aubergine in 1 cm dicke Scheiben schneiden, mit Öl bestreichen, auf einem Backblech etwa 20 Min. goldbraun backen

↓

2 Ei leicht verquirlen, Knoblauch fein hacken, gebackene Auberginen im Mixer pürieren

↓

3 Püree in Schüssel mit Ei, Knoblauch, Petersilie, Semmelbröseln, beiden Käsesorten, Salz und Pfeffer vermengen

↓

4 Aus der Masse 8 Bällchen formen und flach drücken (sollte die Masse nicht fest genug sein, mehr Brösel einarbeiten)

↓

5 Mehl auf einen Teller geben, salzen, pfeffern und die Auberginenküchlein darin wenden

↓

6 In einer Pfanne das restliche Öl erhitzen, Küchlein von beiden Seiten goldbraun anbraten, kurz abtropfen lassen

↓

7 Die gebackenen Auberginen mit der Tomatensoße anrichten, mit Thymian garnieren und servieren

Aus dem Backofen

GEFÜLLTE CRÊPES

MIT RUCOLA UND PFIFFERLINGEN

(2–4 Personen)

Liste der Zutaten:

- » 1 Zwiebel oder Frühlingszwiebeln
- » 1 Knoblauchzehe
- » ½ Packung Rucola
- » 60 g Butterschmalz
- » 400 g Pfifferlinge
- » 120 g Mehl
- » 3 Eier
- » 175 ml Milch
- » Salz
- » Pfeffer aus der Mühle
- » Muskatnuss
- » 50 g mittelalter Parmesan, frisch gerieben
- » Fett für die Form
- » Chicoréeblätter zum Anrichten

Marcus Fourmont
Tragwerksplanung

Ablaufplanung:

1. Mehl, Eier, Milch und Salz miteinander verrühren, den Teig etwa 30 Min. quellen lassen

   ↓

2. Zwiebel und Knoblauch schälen, Zwiebel in Streifen, Knoblauch in Würfel schneiden, Rucola in Stücke zupfen

   ↓

3. Zwiebel, Knoblauch und Pfifferlinge in etwas Butterschmalz braten, mit Salz, Pfeffer und Muskatnuss würzen

   ↓

4. Hälfte des Käses und den Rucola unter die Pilzmischung geben, beiseitestellen

   ↓

5. Mit restlichem Butterschmalz in einer beschichteten Pfanne 8 dünne Crêpes ausbacken

   ↓

6. Rucola-Pilz-Füllung auf die Crêpes verteilen und zusammenrollen

   ↓

7. Backofen auf 180 °C vorheizen

   ↓

8. Ofenfeste Form dünn ausfetten, gefüllte Crêpes nebeneinanderlegen, restlichen Käse darüberstreuen, Crêpes etwa 10 Min. backen

   ↓

9. Crêpes jeweils in 3 Teile schneiden, auf je 1 Chicoréeblatt anrichten

Sophie Bartelt

Wasserbau

Im Büro aus der Tasse

COUSCOUS-SALAT
FÜR DIE SCHNELLE MITTAGSPAUSE

(1 Person)

Liste der Zutaten:

» 1 kleine Tasse Couscous
» 2 kleine Tassen Wasser
» 1 EL getrocknete Tomaten
  in Öl
» ½ Feta (Schafskäse)
» 1 große Tomate
» ½ Paprika
» 1 Handvoll grüner Salat
» etwas frische Minze

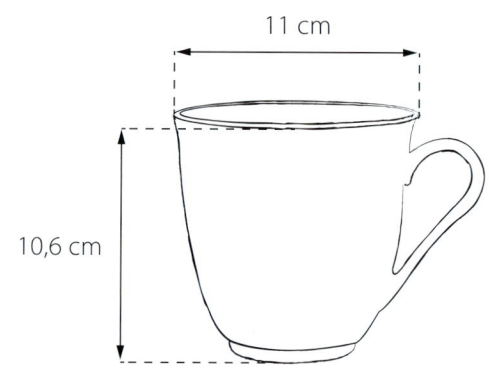

11 cm

10,6 cm

Ablaufplanung:

1 Couscous mit kochendem Wasser in einer Schüssel aufgießen, abdecken, 10 Min. ziehen lassen

↓

2 Feta zerkleinern, mit getrockneten Tomaten und Öl über den Couscous geben, verrühren, 3 Min. in die Mikrowelle (höchste Stufe), kurz abkühlen lassen

↓

3 Frische Tomate, Paprika in Würfel schneiden, mit Salat und Minze unter den Couscous heben

»Die Zutaten sind ein Vorschlag, aber eigentlich ist alles erlaubt, was schmeckt: Frisch sollte es sein und handlich für die Büroküche verpackt.«

Sabine Voigtmann

Umweltplanung

Pikant und würzig

KABANOSSI-SUPPE
NACH EINER NACHT NOCH LECKERER!

(4 Personen)

Liste der Zutaten:

» 1 Zwiebel
» 2–3 Kabanossi
» 1 große Dose grüne Bohnen
» 2 kleine Dosen Kidneybohnen
» 2 kleine Dosen Mais
» 4 Tomaten (oder 1 große Dose geschälte Tomaten)
» 1 Paprika
» 1 Becher Schmand
» 1 Becher saure Sahne
» frische Petersilie
» Salz, Pfeffer, Paprikapulver

Ablaufplanung:

1. Zwiebel würfeln, anbraten

↓

2. Kabanossi klein schneiden, mit anbraten

↓

3. Paprika würfeln, grüne Bohnen, Kidneybohnen und Mais dazugeben

↓

4. Tomaten passieren, klein schneiden und zerdrücken, dazugeben und aufkochen, Schmand und saure Sahne unterheben, kurz weiterköcheln, abschmecken, frische Petersilie (oder andere Kräuter) unterrühren

»In den Kabanossi steckt eine große Portion Knoblauch und Paprika. Ich mag diesen charakteristischen Geschmack der Würste aus Südosteuropa. Sie verleihen der Suppe die besondere Würze.«

Reinhard Albert

Zentrale Dienste

Aus dem Familienkochbuch

MAJORAN-KARTOFFELN

EIN DEFTIGER, SCHNELLER EINTOPF

(2 Personen)

Liste der Zutaten:

» 5 Kartoffeln
» 1 größere Scheibe Speck
» 1 Liter Fleischbrühe
» 2 EL Majoran (getrocknet)
» 100 g Fleischblutwurst im Naturdarm

»Das Rezept stammt aus der Zeit, als der Samstag noch Arbeits- und Schultag war. Die Mütter mussten täglich neben der Hausarbeit Mittag für viele Esser zubereiten – ohne die elektrischen Haushaltsgeräte von heute. Auch Zutaten gab es nicht in der heutigen Vielfalt.«

Ablaufplanung:

1. Speckscheibe in einem großen Topf etwas anbraten, bis das sichtbare Fett flüssig wird, und herausnehmen

   ↓

2. Brühe aus Knochen oder auch Instantbrühe in den Topf geben

   ↓

3. Geschälte, klein gewürfelte rohe Kartoffeln und Majoran dazugeben

   ↓

4. 20 Min. kochen, bis die Kartoffeln gar sind

   ↓

5. Kartoffelstücke etwas stampfen oder pürieren

   ↓

6. Fleischblutwurst in Würfel schneiden und in den fertigen Eintopf geben

Simon Ohm

Geotechnik

Ein Party-Snack-Hit

PIZZA-PARTY-KRINGEL

SCHNELL GEFÜLLTER TEIG-RING

(2–3 Personen)

Liste der Zutaten:

» 2 Packungen Hörnchen oder Croissants zum Aufbacken
   (pro Packung 6 Stück)

Liste der Zutaten für die Füllung (wahlweise):

» Salat, Tomaten, Paprika, Pilze
» Zwiebeln, Knoblauch
» Schinken, Salami
» Hackfleisch, Hähnchenfleisch
» Käse, Mozzarella
» Gewürze, Parmesan

1. Ofen auf 180 °C vorheizen

2. Gewünschte Auswahl an Zutaten klein schneiden, Aufschnitt kann in Scheibenform belassen werden

3. Hörnchen- oder Croissantpackung öffnen, Teigdreiecke voneinander trennen, sodass in etwa gleichschenklige spitzwinklige Dreiecke entstehen

4. Backblech mit Backpapier belegen, Müslischale (Öffnung nach oben) in der Mitte platzieren

5. 6 Teigdreiecke mit den kurzen Seiten sternförmig an die Müslischale legen

6. Zweite Lage Dreiecke versetzt zu den ersten platzieren, bis eine Teigsonne entsteht

7. Teig ringsherum mit den Zutaten belegen und schichten

8. Müslischale dient als einseitige Schalform der Füllkonstruktion, am Ende entfernen

9. Spitzen der Teigdreiecke nach innen schlagen, leicht an die Innenseiten des Teigrings drücken

10. 20–30 Min. im vorgeheizten Ofen bei 180–190 °C backen

11. Vor dem Ende der Backzeit mit Parmesan bestreuen

* Nachtrag:

Den Ring mit einem Messer in handliche Stücke schneiden. Die Schale wieder in die Mitte platzieren und mit einem Dip oder einer Soße füllen.

Gabriele und Torsten Krüger
Tragwerksplanung

Bulgarisches Rezept

SIRENE PO SCHOPSKI
KÄSE NACH SOFIOTER ART

(4 Personen)

Liste der Zutaten:

» 400 g (bulgarischer) Schafskäse
» 2 aromatische Tomaten
» 2 Peperoni (Chilischoten)
» 4 Eier
» 10 g Butter
» je ½ TL Paprikapulver (edelsüß), Petersilie,
  Bohnenkraut, Basilikum

Ablaufplanung:

1. 4 kleine Keramikschälchen am Grund mit Butter bestreichen

   ↓

2. Schafskäse (in kleine Stücke geschnitten) darauflegen, mit Gewürzen bestreuen

   ↓

3. Tomaten in Scheiben schneiden, darauflegen, dann die Peperoni

   ↓

4. 15 Min. abgedeckt in den Backofen (Umluft 140 °C), dann die verquirlten Eier daraufgeben, weitere 5 Min. backen

Ina Bauer

Internationale Projekte

Sizilianisches Gemüsegericht

CAPONATA
KALT ODER WARM ZU GERÖSTETEM WEISSBROT

(4 Personen)

Liste der Zutaten:

- » 2 Auberginen
- » 1 Zwiebel
- » 3 Stangen Sellerie
- » 2 EL Kapern
- » 1 EL Rosinen
- » 1 Dose geschälte Tomaten
- » 1 TL getrockneter Oregano
- » 1 Bund Petersilie
- » 2 EL Pinienkerne (oder Mandelscheibchen)
- » 2–3 EL Essig
- » Olivenöl
- » Salz, Pfeffer
- » etwas Zucker
- » ein paar Scheiben geröstetes Weißbrot

»Das Tolle an der Caponata ist ihre Vielfältigkeit. Man kann die Zutaten nach eigenem Gusto variieren und neu interpretieren, sie warm oder kalt genießen.«

Ablaufplanung:

1. Auberginen putzen, der Länge nach halbieren, 15 Min. lang in kaltes Wasser eingelegen

2. Aubergine würfeln, Zwiebel hacken, Sellerie in Scheiben schneiden

3. Olivenöl in einer großen Pfanne erhitzen, Auberginenwürfel darin dünsten, bis sie fast gar sind, Zwiebel und Sellerie dazugeben, etwa 15 Min. weiterdünsten

4. Kapern, Rosinen, Tomaten, Oregano und Essig zugeben, salzen und pfeffern

5. Caponata bei kleiner Hitze ca. 15 Min. einkochen, bis sie eine sämige Konsistenz hat

6. Zwischenzeitlich Petersilie hacken, Pinienkerne in Pfanne (ohne Öl) rösten

7. Caponata mit Essig und etwas Zucker abschmecken

8. Weißbrot in Scheiben schneiden, in der Pfanne in etwas Olivenöl rösten

9. Caponata anrichten, Petersilie und Pinienkerne über das Gemüse geben

Christine Poppitz
Architektur

Der Renner auf jeder Party

NUDEL-RUCOLA-SALAT
OHNE MAYONNAISE

(4 Personen)

Liste der Zutaten für den Salat:

» 250 g Spirelli
» 200 g Mozzarella
» 150 g getrocknete Tomaten in Öl
» 150 g Rucola (Rauke)
» 150 g Parmaschinken
   (oder Kochschinken)
» 50 g Pinienkerne
» 1 Knoblauchzehe
» Parmesan

Liste der Zutaten für die Salatsoße:

» Salz und Pfeffer
» 70 ml Olivenöl
» 3 EL Balsamico-Essig
» 1 TL Pesto
   (z. B. Basilikumpesto)
» 1 TL Senf
» 1 TL Honig
   (möglichst flüssig)

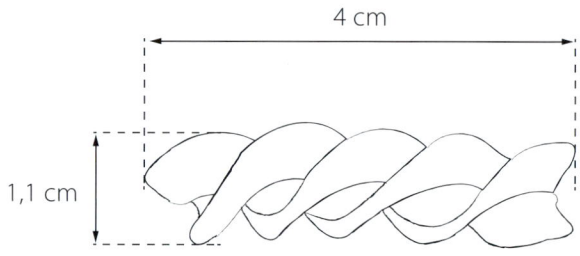

4 cm

1,1 cm

Ablaufplanung Salat:

1. Nudeln kochen, abkühlen lassen

2. Rucola, Mozzarella, Tomaten, Schinken und Knoblauch klein schneiden, zu den Nudeln in eine große Schale geben

3. Pinienkerne vorsichtig rösten

Ablaufplanung Salatsoße:

1. Zutaten in einem Gefäß mischen

2. Parmesan erst kurz vor dem Servieren über den Salat reiben

Torsten Retzlaff
Geschäftsführung

Unser Lieblingsessen

SÜSSSAURE EIER
EIN REZEPT AUS DEM SPREEWALD

(4 Personen)

Liste der Zutaten:

» 8 Eier
» 4 mittelgroße Zwiebeln
» 250 g Schinkenspeck oder Bacon, gewürfelt (kann auch mehr sein)
» Senf, Mehl, Essig, Zucker, Salz, Pfeffer

»Das Rezept für süß-
saure Eier hat meine
Frau aus dem Spree-
wald mitgebracht. Die-
ses einfache, schmack-
hafte Gericht ist zum
Lieblingsessen unserer
Familie geworden.«

Ablaufplanung:

1 Zwiebeln würfeln, zusammen mit dem Schinkenspeck oder Bacon in einer Pfanne knusprig braten, aus der Pfanne neh-men, sodass das Fett in der Pfanne bleibt, warm stellen

↓

2 In dem Fett (ggf. mehr dazugeben) 4 EL Mehl anschwitzen (mehr Mehl, mehr Soße)

↓

3 Wasser dazugießen, glatt rühren, bis die gewünschte So-ßenkonsistenz erreicht ist, mit Senf, Essig, Zucker und Salz süßsauer abschmecken

↓

4 Eier aufschlagen, einzeln in die Soße gleiten lassen

↓

5 Eier in der Soße stocken lassen, eventuell einmal vorsichtig mit einem großen Löffel wenden

(*) Nachtrag:

Am besten schmecken dazu Salzkartoffeln. Zum Servieren erst die Kar-toffeln auf den Teller geben, dann reichlich Soße und Eier dazu. Zur Krönung alles mit dem Schinkenspeck-Zwiebel-Gemisch garnieren.

Manuela Schönbeck

Komplexe Gebäudeplanung

Anderer Boden

BLUMENKOHL-PIZZA

FRISCH BELEGT

(6 Personen)

Liste der Zutaten für den Boden:

» 1 Blumenkohl
» 3 Eier
» 1 Tüte Gratinkäse mit wenig Fett

Liste der Zutaten für den Belag (wahlweise):

» 1 Dose passierte Tomaten
» 1 Dose gestückelte Tomaten
  (optional mit Chili für etwas mehr Pep)
» 1 Packung Kochschinken
» 250 g frische Champignons
» Gratinkäse
» Oliven

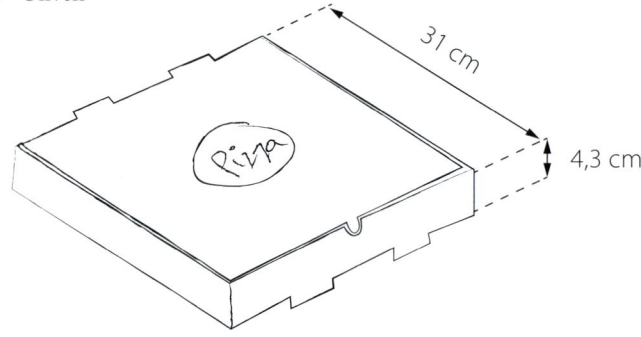

Ablaufplanung:

1 Gewaschenen Blumenkohl in der Küchenmaschine klein häckseln

↓

2 3 Eier, 1 Tüte Gratinkäse dazugeben, verrühren

↓

3 Teig auf ein eingefettetes Backblech geben, 10 Min. bei 180 °C Umluft in den Ofen schieben

↓

4 Blech rausnehmen, Boden belegen, z. B. mit Tomaten, Kochschinken, Champignons, Oliven, Gratinkäse

↓

5 20–25 Min. bei 180 °C Umluft backen, bis der Käse zerlaufen und die gewünschte Bräune erreicht ist

✳ Nachtrag:

Die Pizza schmeckt auch am nächsten Tag aus der Mikrowelle – das richtige Essen für eine leckere Mittagspause im Büro.

Besonders cremig!

GNOCCHI
MIT AVOCADO-BASILIKUM-PESTO

(4 Personen)

Liste der Zutaten:

- » 2 Packungen Gnocchi aus dem Kühlregal
- » 1 Handvoll Basilikum (oder TK-Basilikum)
- » 1 Avocado
- » 5 EL Olivenöl
- » 250 g Kirschtomaten
- » 65 g gemahlene Mandeln oder Pinienkerne
- » Saft von ½ Zitrone
- » 1 Knoblauchzehe
- » Parmesan
- » ½ TL Honig
- » Salz, Pfeffer, Paprikapulver (wahlweise mild oder scharf)
- » Butter oder Kokosöl zum Braten

Hans Relitz

Kommunikation und Marketing

Ablaufplanung:

1. Avocado halbieren, den Kern entfernen, das Fruchtfleisch aus der Schale nehmen

2. Knoblauchzehe schälen, mit dem Avocadofruchtfleisch, Basilikum, Zitronensaft, Mandeln/Pinienkernen und Olivenöl fein pürieren, mit Gewürzen abschmecken

3. Butter (oder Kokosöl) in einer Pfanne erhitzen, Gnocchi goldbraun braten, in eine Schüssel geben

4. Kirschtomaten halbieren und in die heiße Pfanne geben – kurz erhitzen und ½ TL Honig hinzufügen

5. Gnocchi mit dem Avocadopesto vermischen und Kirschtomaten hinzufügen

6. Mit Parmesan bestreut genießen!

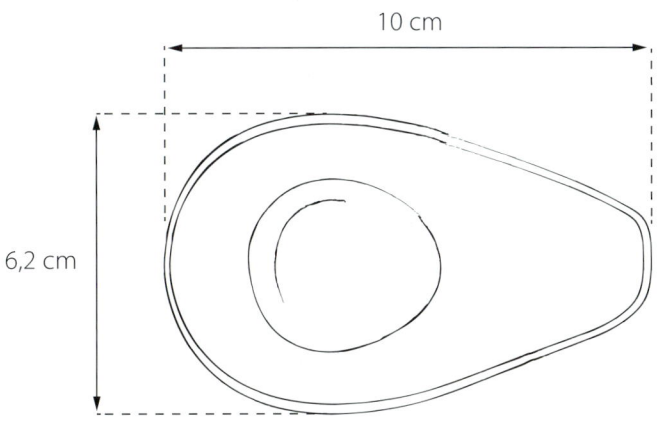

10 cm

6,2 cm

Ina Bauer

Internationale Projekte

Schmeckt nach Mittelmeer

SCHNELLE AUBERGINEN-PASTA
MIT RICOTTA

(2 Personen)

Liste der Zutaten:

- » 1 Aubergine (350 g)
- » 2 EL Kalamata-Oliven (gerne auch mehr)
- » 100 g Ricotta oder Sojaquark
- » 200 g Nudeln
- » 1 Dose Kirschtomaten (400 g)
- » 1 kleine Knoblauchzehe
- » ½ TL getrockneter Oregano
- » 4 Stiele glatte Petersilie
- » 2 EL Olivenöl
- » Salz, Pfeffer
- » 1 Prise Zucker

»Neben dem Einsatz als mediterrane Ge-
müsebeilage lässt sich die Aubergine auch
gut für einen Auflauf verwenden oder
lecker füllen.«

Ablaufplanung:

1. Aubergine putzen, in 2 cm große Stücke würfeln

2. Ofen auf 200 °C (Umluft 180 °C) vorheizen

3. Großen Topf voll Wasser zum Kochen bringen

4. Auberginenwürfel in einer Schale mit 2 EL Olivenöl, Salz und Pfeffer würzen und mischen

5. Alles auf einem Backblech gleichmäßig verteilen, im heißen Ofen auf der mittleren Schiene 10–15 Min. hellbraun rösten

6. Kochendes Wasser salzen, 200 g Conchiglioni darin nach Packungsanweisung garen

7. Kirschtomaten in einer Pfanne erhitzen, Knoblauchzehe dazupressen, mit Salz, Pfeffer, 1 Prise Zucker und ½ TL getrocknetem Oregano würzen

8. Bei milder Hitze 5 Min. köcheln lassen, Auberginenwürfel und 2 EL schwarze Oliven zugeben

9. Petersilie hacken

10. Nudeln abgießen, unter die Soße mischen

11. Pasta anrichten, Ricotta oder Sojaquark mit einem Löffel auf der Pasta verteilen, darauf Petersilie und Pfeffer geben

Andrea Schmidt-Schwonbeck und Hans Relitz
Kommunikation und Marketing

La Dolce Vita

LIEBLINGSLASAGNE
SCHICHT FÜR SCHICHT LECKER!

(4 Personen)

Liste der Zutaten:

- » 500 g Rinderhackfleisch
- » 2 Dosen Pizzatomaten
- » 2 EL Tomatenmark
- » 100 ml Brühe
- » 2–3 Möhren
- » 1 Zwiebel
- » 1 Knoblauchzehe
- » Lasagneplatten
- » 1 Packung Gouda (Käse) zum Streuen
- » 1 Becher Crème fraîche
- » Salz, Pfeffer, Basilikum, Oregano, Paprikapulver
- » Cayennepfeffer, kleine Prise
- » Zimt, Lorbeerblatt
- » Parmesan
- » Öl zum Braten

Ablaufplanung:

1. Zwiebeln und Möhren fein hacken

   ↓

2. Öl in einem großen Topf erhitzen, Hackfleisch mit den Zwiebeln darin anbraten, mit Salz und Pfeffer würzen

   ↓

3. Möhren dazugeben und kurz anbraten

   ↓

4. Pizzatomaten, Brühe und Tomatenmark hinzufügen, aufkochen und Gewürze je nach Geschmack hinzufügen

   ↓

5. Lorbeerblatt dazugeben und alles etwa 10 Min. köcheln

   ↓

6. In der Zwischenzeit den Backofen auf 180–200 °C vorheizen

   ↓

7. Lasagneplatten und die Soße nach dem Kochen abwechselnd in einer Auflaufform schichten

   ↓

8. Crème fraîche und Gouda auf die letzte Schicht geben

   ↓

9. Im Ofen etwa 30–35 Min. backen, mit Parmesan bestreut genießen

Rezept nach Alfons Schuhbeck

SPAGHETTI
MIT KNOBLAUCH-ÖL-SOSSE

(4 Personen)

Liste der Zutaten:

» 500 g Spaghetti
» 2 Scheiben Ingwer
» 1 kleine getrocknete Chilischote
» 4 Knoblauchzehen
» 350 ml Gemüsebrühe
» 1 Vanilleschote
» ¼–½ TL milde Chiliflocken
» 1 EL frische Basilikumblätter
» mildes Olivenöl
» Parmesan

Oliver Schwarz
Internationale Projekte

Ablaufplanung:

1 Spaghetti in reichlich kochendem Salzwasser mit einer Scheibe Ingwer und der Chilischote etwa 4 Min. garen (kürzer, als auf der Packung angegeben), gelegentlich umrühren

↓

2 Nudeln in einem Sieb abgießen, abtropfen lassen

↓

3 Knoblauch schälen und in feine Scheiben schneiden

↓

4 Gemüsebrühe mit Knoblauch, einer Scheibe Ingwer und dem Mark der Vanilleschote in einer Pfanne mit hohem Rand aufkochen

↓

5 Spaghetti zufügen, einige Minuten al dente kochen, bis die Flüssigkeit fast vollständig aufgenommen ist

↓

6 Pfanne vom Herd nehmen, Spaghetti mit den Chiliflocken oder einer fein geschnittenen frischen Chilischote würzen, fein geschnittenes Basilikum unterheben

↓

7 Spaghetti „aglio" (Knoblauch) in vorgewärmten tiefen Tellern anrichten

↓

8 Es folgt „e olio": Einen Esslöffel Olivenöl über die Nudeln geben, anschließend mit frisch geriebenem Parmesan bestreuen

Team Umweltplanung

Peter Feuerpfeil, Sarah Redmann, Benjamin Stisser,
Annelie Mai, Juliane Kleewitz, Rebecca Kain,
Florian Rottig, Dennis Wohlert, Sonja Anders,
Barbara Schlottke

4 Gänge

SOMMER-MENÜ
FRISCH, ROT UND FISCH

(4 Personen)

7 cm

Aperitif – Earl-Grey-Sommerbowle   I

Liste der Zutaten:
- » 300 ml Earl Grey (aromatisierter Tee)
- » 300 ml Pfirsich-Eistee (z. B. Volvic, der ist nicht zu süß)
- » 300 ml Weißwein (Rebsorte siehe Empfehlung)
- » 2 Zweige Rosmarin
- » 2 EL (Rohr-)Zucker
- » 2 Limetten, unbehandelt
- » 1 Handvoll Eiswürfel

»Mit diesen 4 Gängen werden Freunde und Familie kulinarisch verwöhnt, egal ob draußen oder drinnen. Mit einem Schuss Limette und einer Extraportion Sonne ist es das perfekte Sommermenü!«

Brombeersorbet und Honigmelone IV

Liste der Zutaten:
- » 700 g Brombeeren
- » 100 g Puderzucker
- » 3 EL Zitronensaft
- » 75 ml Apfelsaft
- » 2 Honig-, Galia- oder Cantaloupe-Melonen
- » Minzeblättchen

Ablaufplanung:

1 Brombeeren fein pürieren, mit Puderzucker mischen und 30 Min. ziehen lassen, Zitronen- und Apfelsaft unterrühren

↓

2 Masse in eine Schüssel geben, im Gefrierschrank mindestens 2 Stunden gefrieren lassen, zwischendurch mehrmals umrühren, anschließend portionieren und weitere 15 Min. gefrieren

↓

3 Melonen in Spalten schneiden, Kerne entfernen und auf einem Teller anrichten, pro Spalte mit einer Kugel Brombeersorbet anrichten und mit Minzblättern dekorieren

Zanderfilet auf Gemüsebett   III

Liste der Zutaten:

» 4 Zanderfilets
» Zitronensaft
» 350 g Champignons
» 60 g Frühstücks-Bacon
» 100 g Porree
» 2 Scheiben Toastbrot
» 1 kleine Zucchini
» 1 Bund Dill
» 40 g Butter
» 150 Crème fraîche

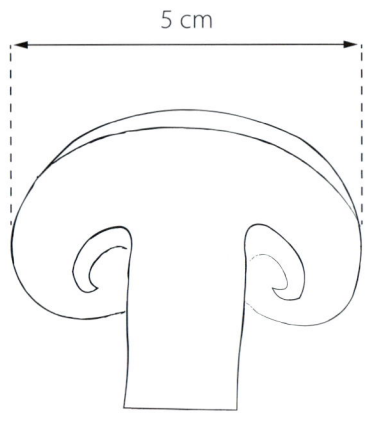

5 cm

Ablaufplanung:

1 Porree, Zucchini und Champignons in Scheiben schneiden, Bacon in Stücke schneiden, Toastbrot im Blitzhacker mahlen, Dill klein schneiden, zwei Drittel des Dills mit dem Toastbrot mischen

↓

2 Ofen auf 175 °C vorheizen, eine Gratinform fetten

↓

3 Bacon anbraten und beiseitestellen, Zucchini und Champignons in der Pfanne leicht anbraten, mit Salz und Pfeffer würzen, beiseitestellen

↓

4 Porree andünsten, 100 g Crème fraîche unterrühren

↓

5 Fischfilets würzen, mit Zitronensaft beträufeln, Zucchini und die Hälfte der Champignons in die Form schichten, die Filets auf das Gemüse legen, den Porree auf dem Fisch verteilen, die restlichen Pilze darüber

↓

6 Butter in einer Pfanne schmelzen, mit Dill vermischtes Toastbrot in die geschmolzene Butter geben, über dem Fisch verteilen, Bacon und restliche Crème fraîche auf dem Fisch verteilen

↓

7 Im Ofen ca. 25 Min. garen, mit Dill und Kartoffeln servieren

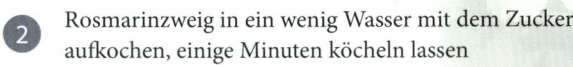

Ablaufplanung:

1. Earl Grey (oder mildere Schwarzteesorte) wie gewohnt zubereiten, nach dem Abkühlen kalt stellen

2. Rosmarinzweig in ein wenig Wasser mit dem Zucker aufkochen, einige Minuten köcheln lassen

3. Sirup durch ein Sieb abgießen, kalt stellen

4. Limetten achteln, mit den Eiswürfeln in eine große Karaffe geben

5. Kalten Rosmarinsirup hinzugeben, mit Earl Grey, Eistee und Weißwein aufgießen, mit einem Rosmarinzweig dekorieren

✳ Nachtrag:

Diese leichte Sommerbowle kann durch einige Zentiliter Gin verfeinert werden. Empfehlenswert ist eine milde Sorte mit Zitrusnote wie beispielsweise „Siegfried" oder „Gin Sul".

»Im Sommer darf es ruhig farbig sein. Mit diesem Kartoffelsalat, rot mit etwas frischem Grün obendrauf, werden die Gäste ganz bestimmt überrascht.«

Roter Kartoffelsalat   II

Liste der Zutaten:

» 400 g Kartoffeln
» 1 EL Kümmel (ganz)
» Meersalz
» 400 g Rote Bete (z. B. Kugeln aus dem Glas)
» ½ Bund Frühlingszwiebeln
» 5 Salbeiblätter
» ½ Bund Radieschen
» 100 g Rettich
» 200 g Salatgurke
» 200 ml Dickmilch
» 1 EL Paprikapulver
» 2 EL Chili-Öl
» Tabasco
» Petersilie

Ablaufplanung:

1. Gewaschene Kartoffeln mit Schale in mit Kümmel gewürztem Salzwasser ca. 25 Min. kochen, abgießen, abkühlen lassen, pellen und in Würfel schneiden

2. Rote Bete abtropfen lassen, in Würfel schneiden, Frühlingszwiebeln und Radieschen in Ringe schneiden, Salbei fein hacken, Rettich und Gurke schälen, würfeln

3. Dickmilch mit Paprikapulver und Chili-Öl verrühren, mit Tabasco und nach Wunsch mit Salz abschmecken

4. Gemüse in eine Schüssel geben, mit der Soße vermengen und mindestens 10 Min. ziehen lassen, mit Petersilie garnieren

Uwe Lemcke
Geschäftsführung

Für Angler mit Räucherofen

GERÄUCHERTE MAKRELE

MIT MARINIERTEN PAPRIKASCHOTEN

(1 Person)

Liste der Zutaten:

» 1 Makrele
» ½ Knoblauchzehe
» 1 kleine Zwiebel
» je ½ rote, grüne und gelbe Paprikaschote
» Saft von ½ Zitrone
» 1 EL Olivenöl
» 2 Scheiben Vollwerttoast
» Salz und Pfeffer

Ablaufplanung:

1 Makrelen angeln bzw. kaufen

↓

2 Makrelen ausnehmen und waschen

↓

3 Makrelen nass salzen, in Salzlake ca. 10–12 Stunden einlegen (Salzlake mit 50–70 g Kochsalz auf 1 Liter Wasser)

↓

4 Fische im Räucherofen aufhängen

↓

5 Räuchern der Fische (Räucherholz oder -mehl, Buche ist am besten geeignet)

↓

6 Trocknen: Im „kalten Ofen" etwa 30 Min. bei max. 60 °C

↓

7 Garen: Bei durchschnittlich 90 °C, kurzfristig auch 100–120 °C etwa 20–60 Min.

↓

8 Räuchern/Färben: Bei 50–60 °C im Rauch für 45 Min., bis zu 2 Stunden

↓

9 Makrele filetieren, Makrelenfilets entgräten, in je 2 Stücke teilen

↓

10 Zwiebel und Knoblauch schälen, fein schneiden

↓

11 Paprikaschoten waschen, putzen und in dünne Streifen schneiden, mit Öl und Zitronensaft, Zwiebel, Knoblauch, Salz und Pfeffer vermengen, einige Zeit ziehen lassen

↓

12 Toastbrotscheiben toasten, halbieren

↓

13 Makrelenfilets auf Tellern arrangieren, mit Paprikastreifen anrichten und mit Toastbrot servieren

Thomas Krause

Baumanagement

Papas Fisch ist der beste

PANNFISCH MIT SALZKARTOFFELN

AN KALTER KRÄUTER-JOGHURT-SOSSE

(4 Personen)

Liste der Zutaten:

» 700–800 g frisches Seelachsfilet (aus Wildfang)
» Kartoffeln als Beilage
» 250 g Naturjoghurt
» 150 g saure Sahne
» 100 g Mayonnaise
» Auswahl an frischen Kräutern (oder TK-Mischung)
» Salz, frischer Pfeffer, Paprika, Curry, Agavendicksaft

»Das Rezept ist das Ergebnis einer Erfolgsgeschichte. Ich habe gegen Fischstäbchen, Schlemmerfilets und Fish-Mac-Burger gewonnen. Für meine Kinder ist es das beste Fischgericht.«

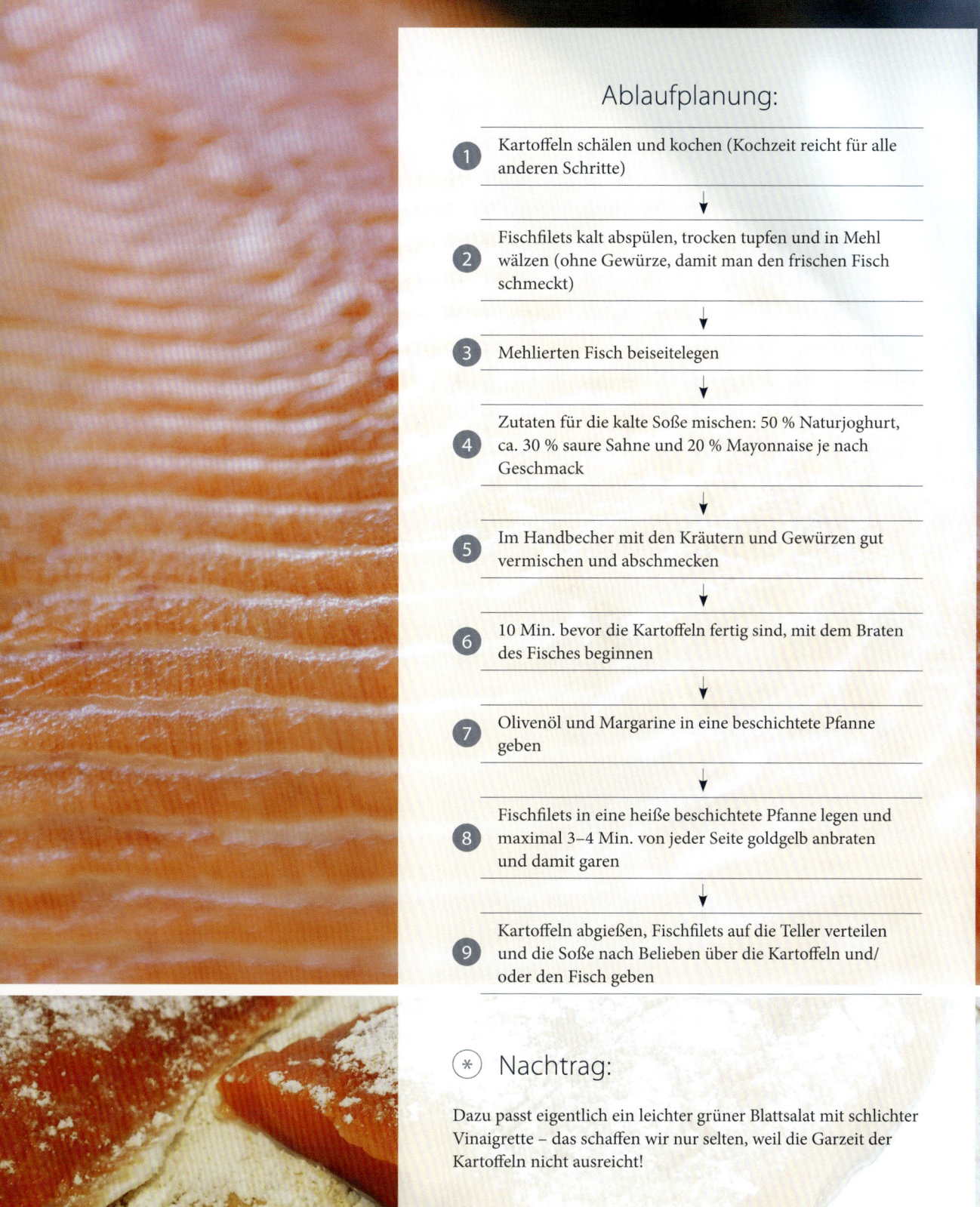

Ablaufplanung:

1 Kartoffeln schälen und kochen (Kochzeit reicht für alle anderen Schritte)

↓

2 Fischfilets kalt abspülen, trocken tupfen und in Mehl wälzen (ohne Gewürze, damit man den frischen Fisch schmeckt)

↓

3 Mehlierten Fisch beiseitelegen

↓

4 Zutaten für die kalte Soße mischen: 50 % Naturjoghurt, ca. 30 % saure Sahne und 20 % Mayonnaise je nach Geschmack

↓

5 Im Handbecher mit den Kräutern und Gewürzen gut vermischen und abschmecken

↓

6 10 Min. bevor die Kartoffeln fertig sind, mit dem Braten des Fisches beginnen

↓

7 Olivenöl und Margarine in eine beschichtete Pfanne geben

↓

8 Fischfilets in eine heiße beschichtete Pfanne legen und maximal 3–4 Min. von jeder Seite goldgelb anbraten und damit garen

↓

9 Kartoffeln abgießen, Fischfilets auf die Teller verteilen und die Soße nach Belieben über die Kartoffeln und/ oder den Fisch geben

✳ Nachtrag:

Dazu passt eigentlich ein leichter grüner Blattsalat mit schlichter Vinaigrette – das schaffen wir nur selten, weil die Garzeit der Kartoffeln nicht ausreicht!

Kati Tobe
Zentrales Controlling

Auf portugiesische Art

GEGRILLTE DORADE

MIT ROSMARINKARTOFFELN

(2 Personen)

Liste der Zutaten:

» 2 kleine bis mittelgroße Doraden (Fische ausnehmen, entschuppen oder gesäuberten Fisch kaufen)
» kleine Kartoffeln, die mit Schale gegessen werden können
» 3 Knoblauchzehen
» frischer Rosmarin
» 1 Zitrone
» Olivenöl

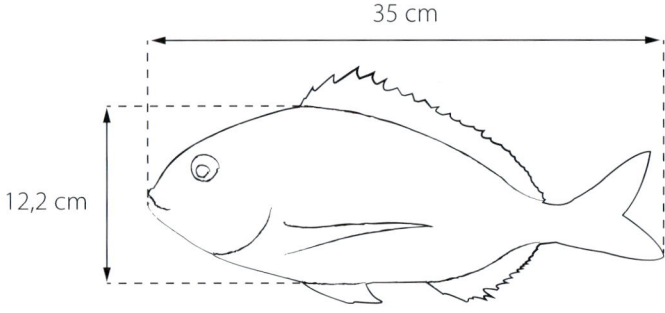

35 cm

12,2 cm

Ablaufplanung:

1 Fisch einkerben, dünn geschnittene Knoblauchscheiben in die Einkerbung stecken

↓

2 Fisch mit mehreren Knoblauchstücken, Rosmarin-ästchen und 2 halbierten Zitronenscheiben füllen

↓

3 Fisch innen und außen mit Olivenöl beträufeln, gut salzen, etwas pfeffern

↓

4 Fisch abgedeckt im Kühlschrank kurz ziehen lassen

↓

5 Fisch auf das eingefettete Rost im Backofen geben, Kartoffeln vorbereiten

↓

6 Kartoffeln waschen, in Wasser vorkochen

↓

7 Auf ein Backblech legen, mit Olivenöl beträufeln und gut salzen

↓

8 Frische Rosmarinäste, weitere Knoblauchscheiben dazulegen, alles mit der Hand vermengen

↓

9 Backblech unter den Fisch in den Ofen schieben, beides bei mittlerer Hitze rund 20 Min. grillen

↓

10 Kartoffeln ab und zu wenden

↓

11 Am Ende der Grillzeit zusätzliche 5 Min. auf Umluft schalten, damit der Fisch braun und knusprig wird

✳ Nachtrag:

Als Beilage empfiehlt sich frischer gemischter Blattsalat oder et-was Gemüse, das zu den Rosmarinkartoffeln auf das Blech gelegt und gar gegrillt wird.

Dr. Klaus Richter
Geschäftsführung

Traditionelles thailändisches Gericht

PAD THAI
BITTE PROBIEREN!

(2 Personen)

Liste der Zutaten:

» 1 ½ EL geschmacksneutrales Pflanzenöl
  (kein Sesam- oder Olivenöl)
» 2 gehäufte EL (Thai-)Schalotten
» 100 g fester Tofu
» 2 EL konservierter Rettich
  (falls nicht erhältlich, weglassen)
» 2 Eier
» 110 g getrocknete Reisnudeln (3 mm breit)
» 4 EL Pad-Thai-Soße
» 6 Stängel frischer Schnittknoblauch
  (falls nicht erhältlich, weglassen)
» 80 g frische Mungbohnensprossen (Sojasprossen)
» 2 TL getrocknete, gesalzene kleine Shrimps (ohne für Vegetarier)

»Reisen bildet, auch kulinarisch. Auf vielen privaten und beruflichen Reisen habe ich die Küche verschiedenster Länder kennengelernt. Am besten schmeckt oft die einfache, originale Küche. Neben den roten, grünen oder gelben Currys hat mich das thailändische Nationalgericht überrascht.«

Liste der Zutaten für die Pad-Thai-Soße (ca. 90 ml):

- » 6 EL zerkleinerter Palmzucker, ersatzweise brauner Zucker
- » 4 EL Fischsoße
- » 3 EL Tamarinden-Paste oder
  2 EL Weißweinessig, 1 EL Wasser

Liste der Zutaten für die vegetarische Pad-Thai-Soße:

- » 5 EL zerkleinerter Palmzucker oder brauner Zucker
- » 4 EL helle Sojasoße, Pilz-Soja-Soße oder
  1 ½ TL Salz und 4 EL Wasser
- » 3 EL Tamarinden-Paste oder
  2 EL Weißweinessig und 1 EL Wasser

Liste der Zutaten zum Servieren:

- » Limette in Spalten
- » 4 EL geröstete, ungesalzene Erdnüsse
- » frische Mungbohnensprossen
- » Schnittknoblauch
- » Chiliflocken (optional)
- » weißer Kristallzucker (optional)

Ablaufplanung:

1 Reisnudeln ca. 30 Min. in warmes Wasser (45–50 °C) einlegen, bis sie weich sind und sich um den Finger wickeln lassen, abgießen (nicht kochen!)

↓

2 Alle Zutaten für die Soße gut vermengen, kurz bei niedriger Hitze erwärmen, bis sich der Zucker aufgelöst hat, zur Seite stellen (nicht kochen, sonst dickt die Soße ein)

↓

3 Optional doppelte oder dreifache Menge kochen, Soße ist rund 1 Monat im Kühlschrank haltbar oder kann eingefroren werden

↓

4 Getrocknete Shrimps rund 15 Min. in temperiertes Wasser einlegen, bis sie weich sind

↓

5 Öl in breiter Pfanne oder Wok erhitzen, Schalotten würfeln, bei hoher Temperatur für 30 Sek. leicht anschwitzen

↓

6 Tofu in Würfel schneiden (1 cm Seitenlänge), klein geschnittenen Rettich und getrocknete Shrimps dazugeben, weitere 30 Sek. bis 1 Min. mitbraten (Schalotten sollen nicht braun werden)

↓

7 Eier leicht verquirlen, dazugeben und durchmischen, bei hoher Temperatur unter ständigem Umrühren anbraten (kleine Stücke Ei und Tofu sollen erkennbar bleiben, kein Omelett!)

↓

8 Ei-Tofu-Mischung zur Seite stellen

↓

9 Reisnudeln gemeinsam mit 4 EL Pad-Thai-Soße in den Wok geben, etwa 30 Sek. bis 1 Min. bei mittlerer Hitze unter ständigem Rühren garen (bis die Nudeln bissfest sind)

10 Falls die Nudeln trocken werden oder zusammenkleben, 1–3 EL Wasser (nie mehr) unterrühren

11 Ei-Mischung mit den Nudeln durchmischen, Schnittknoblauch (3 cm lange Stücke, 8 cm zum Servieren), Sprossen unterheben, für rund 30 Sek. bei mittlerer Hitze unter ständigem Rühren mitbraten

12 Mit gemahlenen Erdnüssen, einer Limettenspalte, frischen Sprossen, Schnittknoblauch, Zucker und Chiliflocken servieren

(*) Nachtrag:

Pad Thai nie für mehr als 2 Personen gleichzeitig zubereiten. Um das beste Ergebnis zu garantieren, bereiten auch die Straßenköche in Thailand dieses Gericht üblicherweise portionenweise, höchstens aber für zwei Personen zu.

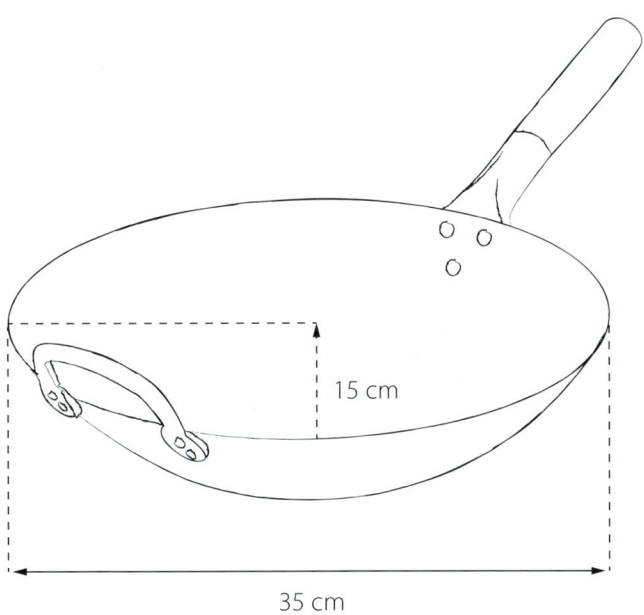

15 cm

35 cm

Maren Bode

Verwaltung

Scharfes Gericht

KREOLISCHE HÄHNCHEN-SCHENKEL

FÜR GEÜBTE CHILI-ESSER

(4 Personen)

Liste der Zutaten:

- » 4 frische Hähnchenschenkel (ca. 1 kg)
- » 3–4 frische grüne Chilischoten
- » 2 unbehandelte Limetten
- » 4 Knoblauchzehen
- » 2 TL Koriander
- » 1 TL Kreuzkümmel
- » grobes Meersalz

- » 1 TL gerebelter Oregano
- » 80 ml brauner Rum (42 %)
- » 6 EL Olivenöl
- » 2 Zwiebeln
- » 2 EL brauner Zucker
- » 150 ml Hühnerbrühe (instant)
- » 2 EL gehacktes Koriandergrün (oder Petersilie)

(Zubereitungszeit: ca. 1 ¼ Stunde, Marinierzeit: 2 Stunden)

✳ Nachtrag:

Ich habe bislang immer frische rote Peperoni genommen anstelle von grünen Chilischoten. Sieht besser aus und ist nicht ganz so scharf. Mit Limetten und braunem Zucker im Hause empfiehlt sich als Getränk zum Essen – auch schon beim Kochen – Caipirinha!

Ablaufplanung:

1 Hähnchenschenkel mit einem Messer im Gelenk halbieren, kurz abwaschen, mit Küchenpapier trocknen

↓

2 Chilischoten längs aufschlitzen, unter fließendem Wasser entkernen und putzen, Schoten in Stücke schneiden

↓

3 Limetten heiß abwaschen, 2 TL Schale abreiben

↓

4 6 Scheiben aus der Mitte der beiden Limetten schneiden und zur Seite legen, die Limettenhälften auspressen

↓

5 Knoblauch schälen, grob würfeln

↓

6 Chilis mit Knoblauch, Koriander, Kreuzkümmel und etwas Meersalz im Mörser zu einer Paste zerstampfen, mit Limettenschale und Oregano vermischen

↓

7 Mischung auf Hähnchenstücke streichen, mit 2 EL Limettensaft, 4 EL Rum und 3 EL Olivenöl übergießen, 2 Stunden im Kühlschrank marinieren lassen

↓

8 Restliches Öl in einer Schmorpfanne erhitzen, Hähnchenstücke abtropfen lassen (Marinade auffangen), bei mittlerer Hitze langsam anbraten

↓

9 Zwiebeln schälen, fein würfeln, in die Pfanne geben und anbraten, Zucker darüberstreuen und schmelzen lassen

↓

10 Marinade, Brühe, restlichen Rum und 4 EL Limettensaft einrühren, Hähnchenstücke mit den Limettenscheiben belegen, zugedeckt bei schwacher Hitze 45 Min. schmoren lassen

↓

11 Mit Koriandergrün bestreut servieren, als Beilage passt Reis, z. B. eine Langkorn-Wildreis-Mischung

Dr. Klaus Richter
Geschäftsführung

Rezept aus Gambia

DOMADA
MIT ERDNUSSBUTTER-SOSSE

(4 Personen)

Liste der Zutaten:

» 500 g Lammfleisch, Rind oder Hähnchen
» 2 Zwiebeln
» 4 EL Erdnussbutter, cremig
» 1 Dose Tomaten
» 3 Karotten
» 3 Kartoffeln
» ½ Paprikaschote
» ½ Zucchini
» ½ Aubergine
» 1 Liter Brühe
» 1 (Habanero-)Pfefferschote
» schwarzer Pfeffer
» Salz

»Ein einfaches, aber schmackhaftes Essen aus Gambia, zubereitet vor Ort mit den dort angebauten Erdnüssen, hier in Deutschland mit der Erdnusspaste aus dem Glas.«

Ablaufplanung:

1. Zwiebeln und Gemüse in kleine Würfel schneiden

2. Fleisch in Stücke schneiden, in einem großen Topf in Öl scharf anbraten, herausnehmen und zur Seite stellen

3. Zwiebeln und Gemüse im selben Topf in etwas Öl andünsten

4. Dosentomaten, Fleisch dazugeben, mit Brühe aufgießen

5. Erdnussbutter in etwas Wasser auflösen, ebenfalls dazugeben, ca. 1,5 Stunden köcheln, bis das Fleisch gar ist

6. Soße ist fertig, wenn das Fett oben schwimmt

✳ Nachtrag:

Wer es nicht ganz so scharf mag, kocht die Pfefferschote im Ganzen mit. Domada wird mit Couscous serviert, schmeckt aber auch mit Basmatireis.

Ein Rezept aus Mazedonien

MOUSSAKA
MIT KARTOFFELN UND HACKFLEISCH

(2–4 Personen)

Liste der Zutaten:

» 2 Zwiebeln
» 500 g Hackfleisch (gemischt)
» 1,5 kg Kartoffeln
» 3 Eier
» ½ Tasse Milch
» Vegeta, Pfeffer, Paprika, Petersilie
» Öl

Teodora Ninovska

Architektur

Ablaufplanung:

1. Zwiebeln schneiden, in Öl anbraten

2. Hackfleisch dazugeben, mit Vegeta, Pfeffer und Salz würzen

3. Kartoffeln in Scheiben schneiden

4. Auflaufform mit einer Schicht Kartoffeln belegen (auch die Ecken), darauf das gebratene Hackfleisch verteilen und mit den restlichen Kartoffeln abdecken

5. Bratenfond vom Hackfleisch mit 700 ml gesalzenem Wasser aufkochen, in die Auflaufform bis zum Rand der Kartoffeln gießen

6. Auflauf in den vorgeheizten Backofen bei 220 °C, bis das Wasser kocht, Temperatur auf 150 °C herunterdrehen und 30–40 Min. backen, bis das Wasser vollständig verdampft ist

7. Eine halbe Tasse Milch mit 3 Eiern und Petersilie verrühren, über den Auflauf geben und weitere 5–10 Min. backen, bis sich das Ei mit der Moussaka verbindet

»Mit der Moussaka genieße ich immer wieder ein Stück Heimat. Na Zdravje! Guten Appetit!«

Frank Bernhardt
Geschäftsführung

Südafrikanischer Hack-Auflauf

BOBOTIE
MIT REIS UND ROSINEN

(4 Personen)

Liste der Zutaten:

»   50 g Mandelstifte
»   2 Scheiben Toastbrot
»   800 g Lammhackfleisch
»   2 EL Olivenöl
»   2 Zwiebeln
»   20 g frischer Ingwer
»   2 Knoblauchzehen
»   20 g Butter
»   2 TL scharfes Currypulver
»   1 TL Kurkuma
»   4 EL Aprikosenkonfitüre
»   4 EL Zitronensaft
»   2 EL Tomatenmark
»   Salz
»   Pfeffer
»   3 Eier
»   125 ml Milch
»   3 Lorbeerblätter

Ablaufplanung:

1 Mandeln in einer großen beschichteten Pfanne ohne Fett goldbraun rösten

↓

2 Toastbrot in kaltem Wasser einweichen, gut ausdrücken und mit dem Hack verkneten

↓

3 Hackfleisch in kleine Stücke zupfen, in 3 Portionen im heißen Öl in der Pfanne grob-krümelig braun braten

↓

4 Zwiebeln fein würfeln, Ingwer dünn schälen und mit dem Knoblauch fein hacken

↓

5 Butter ins Bratfett geben, Zwiebeln, Knoblauch und Ingwer darin glasig dünsten, Curry und Kurkuma kurz mitdünsten

↓

6 Aprikosenkonfitüre, Zitronensaft und Tomatenmark unterrühren und mit 100–150 ml Wasser aufkochen, Soße bekommt eine dickflüssige Konsistenz

↓

7 Hackfleisch und Mandeln unterrühren, salzen und pfeffern und in eine Auflaufform (28 cm × 22 cm) geben

↓

8 Eier und Milch verquirlen, salzen und pfeffern, Eiermilch über das Hackfleisch geben

↓

9 Lorbeerblätter mehrfach einschneiden und in die Masse einlegen

↓

10 Im vorgeheizten Backofen bei 180 °C auf der 2. Schiene von unten 20–25 Min. backen (Gas 2–3, Umluft nicht empfehlenswert)

✳ Nachtrag:

Dazu passt Kräuterreis mit Rosinen.

Anja und Thomas Scharrenberg
Tragwerksplanung und Brückenbau

Bei „Lecker" abgekocht

FRIKADELLEN
MIT STECKRÜBENPÜREE

(4 Personen)

Liste der Zutaten für die Frikadellen, Püree und Salsa:

» 600 g gemischtes Hackfleisch
» 370 ml Honiggurken
» 4 Zwiebeln
» 5 EL Öl
» 1 Bund glatte Petersilie
» 2 EL körniger Senf
» 100 g Magerquark
» 10 EL Paniermehl oder Semmelbrösel
» Salz, Pfeffer, Muskatnuss
» 600 g Steckrüben
» 500 g Kartoffeln, mehlig kochend
» 200 g Möhren
» 150 g Petersilienwurzel
» 250 ml Milch
» 5 EL Butter

Fleischlose Alternative:

Liste der Zutaten für die Fischfrikadellen mit Honigmayonnaise:

- » 500 g Seelachs
- » 100 g geräucherter Lachs in Scheiben
- » 1 Ei
- » 6–8 EL Semmelbrösel
- » 3 EL Mehl
- » 1 Zwiebel
- » 4 EL Obstessig
- » 100 ml Sonnenblumenöl
- » 1 EL mittelscharfer Senf
- » 1 EL Honig
- » Salz und Pfeffer

Ablaufplanung Salsa:

1 Gurken in ein Sieb geben, abtropfen lassen, klein hacken, 2 Zwiebeln schälen, fein würfeln, in Öl anrösten

↓

2 Hälfte der Zwiebelwürfel, Gurken, Petersilie (Blätter klein hacken) und 1 EL Senf verrühren

Ablaufplan Steckrübenpüree:

1 Steckrübe putzen, grob würfeln, Kartoffeln schälen, waschen, halbieren; beides in kochendem Salzwasser ca. 25 Min. garen

↓

2 Möhren und Petersilienwurzel schälen, in Stücke schneiden, nach ca. 10 Min. zu den Kartoffeln geben, mitgaren

↓

3 Milch und Butter erwärmen, Gemüse und Kartoffeln abgießen, Milchmix zugießen und alles zum Püree stampfen

↓

4 Mit Salz und Muskatnuss abschmecken

Ablaufplanung Frikadellen:

1 Hackfleisch mit übrigen Zwiebelwürfeln, 1 EL Senf, Quark und 6 EL Paniermehl verkneten, mit 1 TL Salz und ½ TL Pfeffer würzen (Mit dem Magerquark werden die Frikadellen besonders saftig und locker.)

↓

2 8 Frikadellen formen, 4 EL Öl in einer großen Pfanne erhitzen, Frikadellen 4–6 Min. von jeder Seite braten

↓

3 2 Zwiebeln in Ringe schneiden, mit Salz würzen und in 4 EL Paniermehl wenden

↓

4 Frikadellen aus der Pfanne nehmen, warm stellen

↓

5 Zwiebeln im heißen Bratfett glasig braten, bis die Brösel goldbraun sind

↓

6 Frikadellen mit Zwiebeln, Püree und Salsa anrichten

Ablaufplanung Fischfrikadellen:

1 Seelachs abspülen, trocken tupfen und mit Salz und Pfeffer würzen

↓

2 Zwiebeln klein hacken, in etwas Öl andünsten, Seelachs hinzugeben, 4 Min. zugedeckt garen

↓

3 Räucherlachs in feine Würfel schneiden

↓

4 Gesamten Fisch, 2 EL Semmelbrösel, Mehl und Eiweiß locker mischen, zu 8 Frikadellen formen, in übrigen Semmelbröseln wenden

↓

5 Frikadellen in einer Pfanne mit etwas Öl goldbraun braten

Ablaufplanung Honigmayonnaise:

1 1 Eigelb, 4 EL Essig, Senf, Honig, ¼ TL Salz und 100 ml Öl mit einem Stabmixer zu einer Mayonnaise verrühren

»Beim Kochen probieren wir gerne Neues aus. Dieses Rezept haben wir in der Zeitschrift „Lecker" entdeckt. Die Frikadellen wünschen sich sogar unsere Kinder immer wieder gerne. Viel Spaß beim Ausprobieren.«

Christian Meinecke
Technische Gebäudeausrüstung

Aus Sankt Peter-Ording

HOLSTEINER SAUERFLEISCH

MIT BRATKARTOFFELN UND ROTER BETE

(4 Personen)

Liste der Zutaten:

» 2 kg Schweinenacken mit Knochen
» 0,5 Liter Kräuteressig
» 6 EL Zucker
» 1 EL Salz
» 2 Zwiebeln
» 4 Lorbeerblätter
» 1 TL Pfefferkörner
» 2 Blatt Gelatine

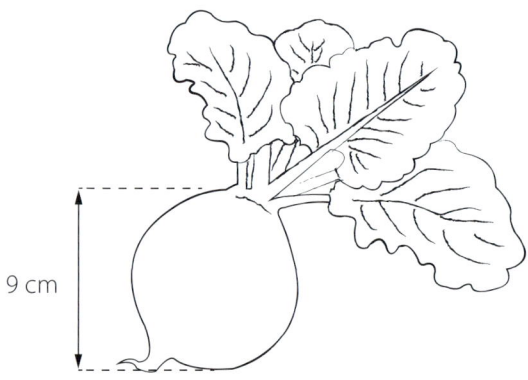

9 cm

Ablaufplanung:

1 Nacken mit Essig, Zucker, Salz, in Scheiben geschnittene Zwiebeln und Pfefferkörner ca. 1 Stunde kochen

↓

2 Fleisch vom Knochen lösen, in Scheiben schneiden

↓

3 Gelatine in Wasser auflösen, in den Sud geben

↓

4 Geschnittenes Fleisch in eine Schüssel geben, Sud daraufgeben und einen Tag in den Kühlschrank stellen zum Gelieren

✳ Nachtrag:

Mit Bratkartoffeln, Remoulade, Roter Bete und einem Blattsalat mit Zitronen-Sahne-Soße servieren.

Fastfood frisch gemacht

BURGER MIT RINDFLEISCH

UND SÜSSKARTOFFEL-POMMES

(4 Personen)

Liste der Zutaten für die Burger:

- » 400 g Rinderhackfleisch
- » 6 Gewürzgurken
- » 3 Zwiebeln
- » 50 ml + 1 EL Obstessig
- » 100 g brauner Zucker
- » 1 rote Chilischote
- » Meersalz
- » 200 g Tomatenketchup
- » 50 ml Kaffee
- » 2 EL Whiskey

- » 1 EL Honig
- » ¼ Bund Schnittlauch
- » 2 EL Salatcreme nach individueller Vorliebe
- » bunter Pfeffer nach Geschmack
- » 2 EL grober Senf
- » 2 EL Rapsöl
- » 50 g Mini-Römer-Salat
- » 4 Hamburger Sesambrötchen

Liste der Zutaten für die Pommes:

- » 600 g Süßkartoffeln
- » Stärke (z. B. Speisestärke, Maisstärke oder Reisstärke)
- » Olivenöl
- » Meersalz, bunter Pfeffer aus der Mühle, Paprika (edelsüß), frischer Rosmarin und Chili

Teamrezept EDV

Maró Krüger, Stefan Weiß, Thomas Müllerchen,
Matthias Erbe

Ablaufplanung Chiligurken:

1. Gurken in ein Sieb gießen, abtropfen lassen und fein hacken

2. 1 Zwiebel schälen, sehr fein würfeln

3. Gurken, 1 Zwiebel, 50 ml Essig und 50 g Zucker aufkochen und ca. 10 Min. köcheln

4. Chilischote waschen, putzen, Kerne entfernen und Fruchtfleisch sehr fein würfeln

5. Alles mit Salz und Chili würzen, kühl stellen

Ablaufplanung Soße:

1. Ketchup, 50 g Zucker, 1 EL Essig, Kaffee, Whiskey und Honig aufkochen, unter ständigem Rühren ca. 10 Min. einkochen, kühl stellen

2. Schnittlauch waschen, fein schneiden, Salatcreme und Schnittlauch verrühren, mit Salz und Pfeffer abschmecken

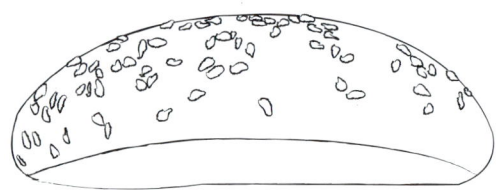

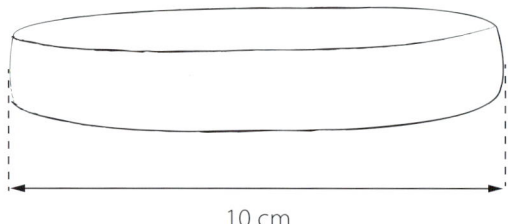

10 cm

Ablaufplanung Hamburger:

1 1 Zwiebel schälen, fein würfeln

↓

2 Hack, Senf und Zwiebel verkneten, mit Salz und Pfeffer
kräftig würzen, zu 4 Pattys formen

↓

3 Öl in einer Pfanne erhitzen, Pattys unter Wenden braten

↓

4 Inzwischen 1 Zwiebel schälen, in Ringe schneiden

↓

5 Fertige Pattys aus der Pfanne nehmen, warm halten,
Zwiebelringe im Bratfett ca. 5 Min. weich schmoren,
mit Meersalz würzen

↓

6 Salat waschen, schleudern und in breite Streifen schneiden

↓

7 Brötchen halbieren, die Schnittflächen goldgelb anrösten

↓

8 Obere Hälften mit Salatcreme bestreichen

↓

9 Untere Hälften der Reihe nach mit Salatcreme, Salat, Chili-
gurken, Patty, Zwiebelringen, Soße und oberen Brötchen-
hälften belegen

Ablaufplanung Süßkartoffel-Pommes:

1 Süßkartoffeln schälen, in gleich dicke Scheiben schneiden, dann in ca. 0,5 cm breite Stifte schneiden

↓

2 Süßkartoffel-Sticks mindestens eine gute Stunde (möglichst über Nacht) in einer Schale Wasser stehen lassen, anschließend mit Küchenkrepp trocknen (Je länger die Sticks im Wasser liegen, desto mehr Stärke kann entweichen und die Pommes werden knuspriger.)

↓

3 Speisestärke mit ein wenig Wasser verrühren, die Sticks einmal kurz eintauchen, damit sie knusprig werden

↓

4 Blech mit Backpapier auslegen, Olivenöl aufs Papier geben, Sticks würzen, im Ofen bei 230 °C ca. 20–25 Min. backen

↓

5 5 Min. ruhen lassen, danach beliebig mit Salz bestreuen

Hans-Jörg Niemeck
Geschäftsführung

Ein Rezept aus Frankfurt am Main

PFEFFER-SCHWEI-NELENDCHEN
MIT EINEM SCHUSS WODKA

(2 Personen)

Liste der Zutaten:

» 500 g Schweinlendchen (möglichst gleichmäßig in der Stärke)
» etwas Mehl
» 1 Becher süße Sahne
» ½ Taschenflasche Wodka
» 4 TL grüne Pfefferkörner
» 125 g Kräuterbutter
» Rapsöl oder Butterschmalz
» Salz, Pfeffer aus der Mühle

Ablaufplanung:

1. Das Fleisch in nicht zu dicke Scheiben (1,5 cm) schneiden, salzen, pfeffern und mit etwas Mehl bestäuben

    ↓

2. Rapsöl erhitzen und Fleisch dann in der Pfanne hellbraun von beiden Seiten anbraten (Filet braucht wirklich nicht lange)

    ↓

3. Fleisch in einen Topf umfüllen und die Sahne und den Wodka sowie Kräuterbutter und grüne Pfefferkörner hinzufügen

    ↓

4. Alles bei mittlerer Hitze vor sich hin köcheln lassen

    ↓

5. Mit Soßenbinder ein wenig andicken, wenn die Soße sämiger gewünscht ist

    ↓

6. Abschmecken, servieren und genießen

(*) Nachtrag:

Dazu passen ofenwarme Kaviarstangen und ein gemischter Salat mit Dressing nach persönlichem Geschmack.

GEFÜLLTER HACKBRATEN

DAZU PILZBOHNEN

(4–6 Personen)

Liste der Zutaten für den Bratenteig:

» 200 g Schwarzwälder Schinken in Scheiben
» 500 g Gehacktes (halb und halb oder nur Schabefleisch)
» 1 Ei
» 1 Zwiebel
» 1 TL Salz, schwarzer Pfeffer, Paprika
» 1 TL Senf
» 1 Handvoll Semmelmehl

Liste der Zutaten für die Füllung:

» 4 Eier
» 125 g Schinken
» 2–3 Gewürzgurken
» 1 Zwiebel
» 1 kleine Knoblauchzehe
» 1 TL Senf, Ketchup
» ½ TL Pfeffer

dazu:

» 250 g Pilze (frisch oder aus der Dose)
» 1 Möhre
» 2–3 Gewürzgurken
» 2 Lorbeerblätter, 4 Pimentkörner, 8–10 Wacholderbeeren, 4 Pfefferkörner

Liste der Zutaten für die Beilagen:

» 1 Handvoll kleine Kartoffeln pro Person
» 500 g Bohnen (frisch oder TK)
» 1 Zwiebel
» 100 g magerer Schinken
» Salz, Bohnenkraut, Pfeffer

Falk Pudschun

Technische Gebäudeausrüstung

Ablaufplanung Braten:
(optional am Abend davor beginnen)

1. Römertopf wässern (etwa 20 Min. ins Wasser stellen)

2. Hackfleisch mit den Zutaten (ohne Eier) mischen

3. Füllung Schritt 1: Eier ohne Fett in einer beschichteten Pfanne stocken lassen, klein zerteilen (wie Rührei)

4. Füllung Schritt 2: Zutaten sehr fein würfeln, mischen und mit den Gewürzen kräftig abschmecken

5. Römertopf mit einem Teil der Schinkenscheiben auslegen

6. Hackfleischmasse auf einem Streifen (60 cm) Alufolie etwa ½ cm dick „ausrollen"

7. Füllung (aus Schritt 1 und Schritt 2) gleichmäßig auf der Hackfleischmasse verteilen, mithilfe der Folie aufrollen, in den Römertopf heben

8. Braten mit Schinken bedecken, geviertelte Möhre, halbierte Gewürzgurken, Pilze und Gewürze darüber verteilen

9. In den kalten Ofen stellen, bei 200 °C ca. 45 Min. backen, Ofen ausmachen, Braten drin stehen lassen

10. Für den sofortigen Verzehr nun die Beilagen zubereiten oder alternativ den Braten einen Tag ziehen lassen

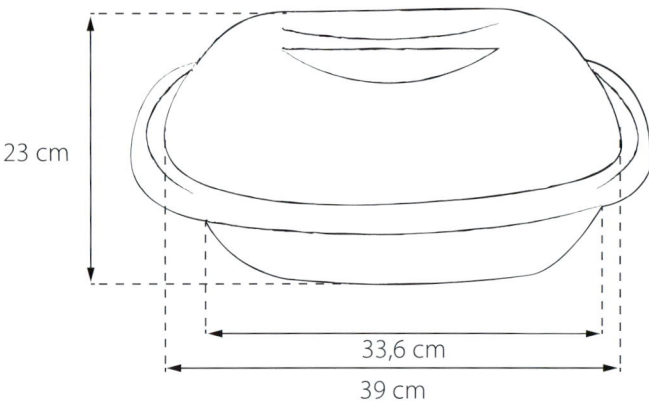

23 cm

33,6 cm

39 cm

Ablaufplanung Beilagen:
(1 Stunde vor dem Essen)

1 Pilze, Gemüse aus dem Römertopf nehmen und beiseitelegen, vorhandenes Fett in einen kleinen Topf geben

↓

2 Braten im Ofen wieder aufwärmen, etwa 1 Stunde, bei
knapp 150 °C

Ablaufplanung grüne Bohnen:

1 Bohnen mit etwas Wasser in einer beschichteten Pfanne mit
Deckel erhitzen

↓

2 Schinken und Zwiebel würfeln, dazugeben und bei
mittlerer Stufe garen

↓

3 Deckel runternehmen, Hitze etwas hochdrehen und die
Bohnen mit Bohnenkraut, Salz, Pfeffer abschmecken und
leicht anbraten

Ablaufplanung Rosmarinkartoffeln:

1 1 Handvoll kleine Kartoffeln pro Person gründlich waschen

↓

2 Backblech mit Backpapier belegen, mit Salz und getrocknetem oder klein geschnittenem Rosmarin bestreuen

↓

3 Kartoffeln halbieren, auf das Blech legen und in den Ofen
über den Römertopf schieben (etwa 30 Min.)

Ablaufplanung Soße:

1 Gemüse vom Braten nehmen, klein schneiden, im Topf mit Öl erhitzen, etwa 1 EL Mehl dazugeben und gut durchmischen

↓

2 Bratensaft aus dem Römertopf, ggf. Wasser dazugeben

↓

3 Soße mit dem Pürierstab glatt mixen, bei geringer Hitze warm halten

↓

4 Pilze in Scheiben schneiden, unter die Soße rühren

↓

5 Hackbraten in Scheiben schneiden und servieren

Team Umweltplanung

*Peter Feuerpfeil, Sarah Redmann, Benjamin Stisser,
Annelie Mai, Juliane Kleewitz, Rebecca Kain,
Florian Rottig, Dennis Wohlert, Sonja Anders,
Barbara Schlottke*

4 Gänge

WINTER-MENÜ
MIT PUNSCH UND BIER

(4–6 Personen)

30 cm

23,6 cm

Winterpunsch   I

Liste der Zutaten:
» ¼ Liter Orangensaft
» ½ Liter Apfelsaft
» ¼ Liter Mandarinensaft
» 1 Liter Weißwein
» 1 Stange Zimt

» 4 Gewürznelken
» ½ Bio-Zitrone (nur die Schale)
» ½ Bio-Orange
» 1 Dose Mandarinen (klein)

Ablaufplanung:

 Orangensaft, Apfelsaft und Mandarinensaft aufkochen,
Weißwein und Gewürze zufügen, ziehen lassen, die Früchte
zerkleinern und dazugeben

»Mit dem Wintercocktail wird den Gästen ein wohlig warmer Start in einen gemütlichen und genussvollen Abend geboten. Die Zimtstangen können auch als Tischdekoration verwendet werden.«

Apfel-Trifle

Liste der Zutaten:

» 600 g säuerliche Äpfel (z. B. Elstar)
» 110 g Zucker
» 1 TL Lebkuchengewürz
» 30 g Mandelblättchen
» 205 g Mascarpone
» 150 g Magermilchjoghurt
» 4 Tropfen Bittermandelöl
» 50 g Spekulatius

Ablaufplanung:

1. Apfel schälen, vierteln und entkernen, Viertel in 2 cm große Stücke schneiden

↓

2. Mit 5 EL Wasser und 100 g Zucker in einem Topf zugedeckt aufkochen, bei mittlerer Hitze 10–15 Min. kochen, bis die Äpfel gerade beginnen zu zerfallen, Lebkuchengewürz unterrühren, Kompott abkühlen lassen

↓

3. Mandelblättchen in einer Pfanne ohne Fett bei mittlerer Hitze goldbraun rösten, abkühlen lassen

↓

4. Mascarpone, Joghurt, Bittermandelöl und 10 g Zucker mit einem Schneebesen glatt rühren

↓

5. Apfelkompott und Mascarpone-Joghurt auf 4 Gläser verteilen (schichten)

↓

6. Spekulatius grob zerbröseln, mit den Mandeln mischen, auf die Gläser verteilen

Irisches Bierfleisch – Rinderschmortopf   III

Liste der Zutaten:

» 1 kg Rinderbraten
» 1 Bund Suppengrün
» 1 EL Senf
» 1 EL Tomatenmark
» 1 EL brauner Zucker
» 1 Scheibe dunkles Brot
» 1 Bouquet garni (Kräutersträußchen)
» 400 ml Kalbsfond
» 4 mittelgroße Zwiebeln
» ½ Liter Malzbier
» ½ Liter rotes irisches Bier
   (z. B. Kilkenny)
» Pflanzenöl, Butter, Balsamico-Essig
» Salz, Pfeffer

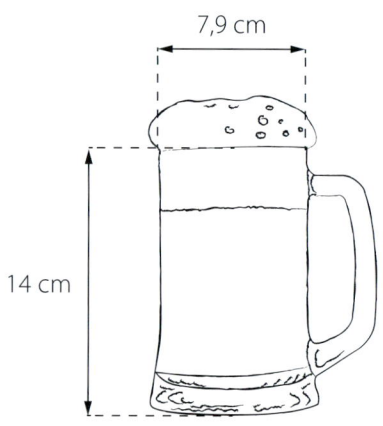

7,9 cm

14 cm

Ablaufplanung:

1 In einem Topf neutrales Pflanzenöl erhitzen, Suppengrün klein schneiden und mit Tomatenmark darin anbraten

↓

2 Mit je 0,2 Liter Kilkenny und Malzbier nacheinander ablöschen und einkochen, mit Balsamico ablöschen und einkochen, Kalbsfond aufgießen und köcheln lassen

↓

3 Rindfleisch in 5 cm × 5 cm große Würfel schneiden, in einem Bräter in Butter anbraten, pfeffern, salzen

↓

4 Aus dem Bräter nehmen, im Bratensaft Zwiebelstreifen anbraten, den Zucker und je 0,3 Liter Malzbier und Kilkenny dazugießen, Bouquet garni einlegen, Scheibe Brot fein zerkrümeln, mit Senf vermengen

↓

5 Fleischstücke zurück in die Brühe geben, mindestens 3 Stunden bei niedriger Temperatur schmoren lassen, Gemüsesud durch ein Spitzsieb drücken und in eine Kasserolle geben

↓

6 Mit einem Schuss Balsamico verlängern und auf ca. 100 ml einkochen, bis eine sirupartige Konsistenz entsteht, Sud auf das Fleisch geben, dazu schmeckt ein Kartoffel-Möhren-Stampf

Cremige Meerrettichsuppe   II

Liste der Zutaten:

- » 2 Zwiebeln
- » 400 g Knollensellerie
- » ½ Stange Lauch
- » 2 EL Butter
- » 4 Zweige Thymian
- » 4 Zweige Majoran
- » 800 ml Fleischbrühe
- » 150 g Pumpernickel
- » 70 g Frühstücksspeck
  (in Scheiben)
- » 1 Bund Petersilie
- » 1 EL Puderzucker
- » 4–5 EL frisch geriebener Meerrettich
- » 400 g Schlagsahne oder Kochsahne
- » Salz
- » Pfeffer

Ablaufplanung:

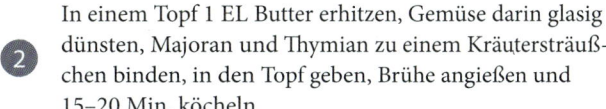

1 — Zwiebeln abziehen, Sellerie schälen, Lauch putzen und waschen, Gemüse in kleine Stücke schneiden

↓

2 — In einem Topf 1 EL Butter erhitzen, Gemüse darin glasig dünsten, Majoran und Thymian zu einem Kräutersträußchen binden, in den Topf geben, Brühe angießen und 15–20 Min. köcheln

↓

3 — Inzwischen Pumpernickel zerbröckeln, Speck in Streifen schneiden, Petersilienblätter fein hacken

↓

4 — Übrige Butter (1 EL) in einer Pfanne erhitzen, Speck und Pumpernickel darin anrösten, mit Puderzucker bestäuben, diesen goldgelb schmelzen, Petersilie unterrühren, beiseitestellen

↓

5 — Majoran und Thymian aus der Suppe entfernen, Meerrettich und Sahne zugeben, aufkochen, alles mit einem Mixer pürieren

↓

6 — Suppe mit Salz und Pfeffer würzen, mit Pumpernickel-Bröseln servieren

»Die Suppe hat einen pikanten, würzigen Geschmack. Die Schärfe des Meerrettichs wird mit der cremigen Sahne verbunden und den Gewürzen abgerundet.«

Tobias Jacobs

Baumanagement

Nach Omas Art

SCHMORGURKEN
MIT TOMATEN UND HACKFLEISCH

(1–6 Personen)

Liste der Zutaten:

» 750 g Hackfleisch halb und halb
» 1,5 kg Schmorgurken
» 4 große Tomaten
» 1 Zwiebel
» 1 Chilischote
» 1 Liter Gemüsebrühe
» 3 EL Öl (z. B. Olivenöl)
» 2 TL Tomatenmark
» 1 EL Dill, frisch oder gefroren
» Salz und Pfeffer

Ablaufplanung:

1. Schmorgurken schälen, da die Schale sehr fest ist

2. Geschälte Gurken längs halbieren, das Kerngehäuse mit einem Löffel auskratzen

3. Gurke längs in ca. 2–3 cm breite Streifen schneiden, dann in ca. 1 cm starke Stücke

4. Tomaten in grobe Würfel schneiden

5. Zwiebel fein würfeln

6. Hackfleisch mit Salz und Pfeffer würzen, kleine Bällchen (Ø ca. 2 cm) formen

7. Öl in einem großen Topf erhitzen, Zwiebeln und Hackfleisch-Bällchen anbraten, mit Gemüsebrühe ablöschen, restliche Zutaten dazugeben, Gurken müssen nicht ganz mit der Gemüsebrühe bedeckt sein, kurz aufkochen und bei mittlerer Hitze ca. 20 Min. köcheln

8. Basmatireis oder Kartoffeln als Beilage

⊛ Nachtrag:

Im Sommer schmecken die Schmorgurken auch kalt.

**Aurélie
Le Fort-Beunink**

Internationale Projekte

Französische Küche

RINDFLEISCHTOPF
AUF BURGUNDISCHE ART

(4 Personen)

Liste der Zutaten:

» 800 g mageres Rindfleisch für Bœuf bourguignon
   bzw. Rindergulasch (in großen Würfeln)
» 200 g durchwachsener Räucherspeck
» 50 g Butter zum Braten
» 2 Zwiebeln
» 2 EL Mehl
» 350–550 ml roter Burgunder oder anderer kräftiger Rotwein
» Salz, Pfeffer aus der Mühle
» 1 Bund Suppengrün
» 1 Bouquet garni (Kräutersträußchen aus verschiedenen Kräutern,
   z. B. Petersilie, Thymian, Lorbeerblatt)
» 1 Knoblauchzehe
» 250 g kleine Champignons, vorgedünstet
» 1 EL gehackte glatte Petersilie

Ablaufplanung:

1 Fleisch und Speck in einem großen Schmortopf in der Butter anbräunen

↓

2 Zwiebel in Ringe schneiden, zufügen, mit Mehl bestreuen, kurz anbraten und mit Rotwein nach und nach ablöschen, mit Salz und Pfeffer würzen

↓

3 Suppengrün zerkleinern, Bouquet garni und Knoblauch dazugeben

↓

4 60–90 Min. bei geringer Hitze zugedeckt köcheln

↓

5 Champignons und Petersilie zufügen, weitere 5 Min. köcheln

↓

6 Ist die Soße zu flüssig, mit Mehlbutter nachhelfen (das heißt, ein Stück kalte Butter mit etwas Mehl verkneten, eine Kugel formen und in der Soße verrühren)

✳ Nachtrag:

Dazu Salzkartoffeln mit Petersilie servieren. Als Beilage eignen sich auch Kartoffeln a l'italienne: Dazu mit Olivenöl beträufelte und mit Rosmarin bestreute Kartoffelhälften im vorgeheizten Backofen bei 200 °C (Umluft 180 °C) ca. 40 Min. garen.

Lutz Hempelt
Geschäftsführung

Rezept aus Mecklenburg-Vorpommern

WRUKEN-(STECK-RÜBEN-)EINTOPF
ÜBER NACHT ZIEHEN LASSEN

(4 Personen)

Liste der Zutaten:

» 1 Wruke
» 4 Knacker
» 4 Kasslerkammscheiben
» 5–6 Kartoffeln
» 1 Bund Möhren
» Schweineschmalz
» Salz, Pfeffer, Thymian, Gewürzkräuter, Fleischbrühe

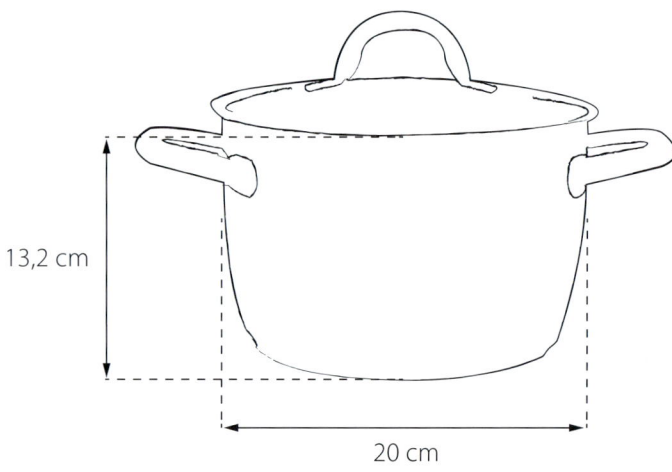

13,2 cm

20 cm

Ablaufplanung:

1 Wruke, Kartoffeln und Möhren schälen, in kleine Würfel schneiden

↓

2 Schmalz im Topf erhitzen, Wrukenstücke kurz anschmoren, Kartoffeln und Möhren dazugeben, mit Salz und Pfeffer würzen

↓

3 Mit Brühe aufgießen, bis alles knapp bedeckt ist, im geschlossenen Topf aufkochen, ca. 15 Min. auf mittlerer Stufe köcheln, gelegentlich umrühren

↓

4 Klein geschnittene Würste und Kasslerkammscheiben dazugeben, weitere 15 Min. köcheln, bei Bedarf etwas mehr Brühe aufgießen

↓

5 Kräuter, z. B. Majoran und Kräuter der Provence, dazugeben, Thymian zum Schluss dazugeben

↓

6 10 Min. durchziehen lassen, abschmecken und bei Bedarf nachwürzen

(*) Nachtrag:

Aufgewärmt schmeckt der Eintopf noch besser.

Aperitif oder Digestif

BAILEYS
SELBST GEMACHT

(35 Gläser)

Liste der Zutaten:

» 1 Liter Sahne
» 1 Eigelb
» 300 g Zucker
» ½ Liter kalter Kaffee
» ¼ Liter Weinbrand (40 %)
» 1 EL Nutella

Maren Bode
Verwaltung

Ablaufplanung:

① Eigelb in wenig Sahne verquirlen

↓

② Restliche Sahne mit dem Zucker aufkochen

↓

③ Nutella und Ei-Mischung einrühren

↓

④ Nach dem Erkalten die restlichen Zutaten einrühren

(*) Nachtrag:

Es empfiehlt sich wirklich, Weinbrand anstelle von Whisky zu nehmen. Whisky ist zu mild und dann stimmt das Mischungsverhältnis nicht. Es heißt, der Baileys wäre drei Wochen haltbar im Kühlschrank – komisch, bei mir ist er innerhalb von Tagen weg!

Sophie Waller

Baumanagement

Als Nachtisch oder zum Kaffee

APFEL-CRUMBLE
MIT VANILLEEIS

(4 Personen)

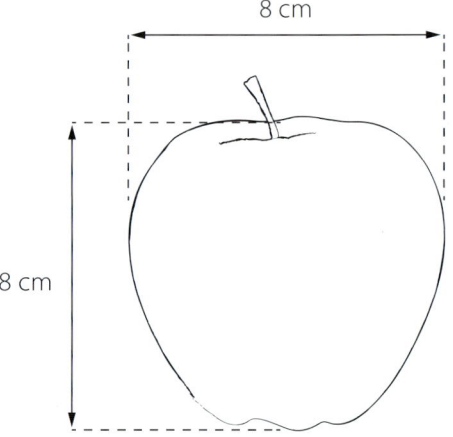

8 cm

8 cm

Liste der Zutaten:

» 2 Äpfel (z. B. Braeburn)
» 100 g Butter
» Zimt nach Gefühl
» 150 g Mehl (oder etwas weniger Mehl, dafür Haferflocken)
» 70 g Mandeln (gemahlen)
» 50 g Zucker (alternativ Ahornsirup)
» Saft einer Zitrone

Ablaufplanung:

1. Äpfel schälen, in Spalten schneiden

   ↓

2. Zitrone auspressen, Saft sowie Zimt über die Äpfel geben, in einer eingefetteten Auflaufform verteilen

   ↓

3. Butter, Zucker, Mehl und Zimt zu einem Streuselteig verarbeiten, gleichmäßig auf den Äpfeln verteilen, ganz abdecken

   ↓

4. Bei 180 °C ca. 25–30 Min. backen, wahlweise mit Vanilleeis servieren

»Der Apfel-Crumble ist immer wieder schnell gemacht. Im Herbst schmeckt das Dessert mit frischen Äpfeln besonders gut. Erst ernten, dann genießen.«

Barbara Schlottke

Umweltplanung

Bayrische Creme

CRÈME BAVAROISE
MIT FRÜCHTEN

(4 Personen)

Liste der Zutaten:

» 3 Blatt weiße Gelatine
» 300 ml Sahne
» 3 Eigelb
» 1 Vanilleschote
» 60 g Zucker
» 2–3 EL Grappa oder Apfeldicksaft
» 250 g Blaubeeren
» 250 g Johannisbeeren
» 3 EL Ahornsirup
» 4 EL Zitronensaft

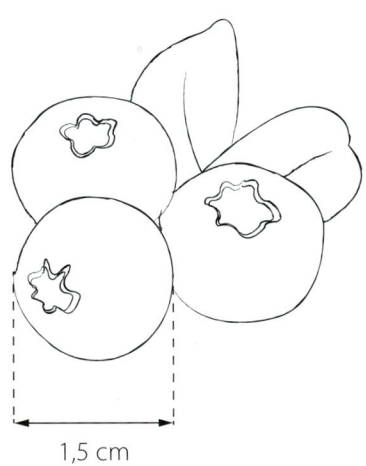

1,5 cm

Ablaufplanung:

1   Gelatine in kaltem Wasser einweichen

↓

2   Eigelb, Zucker und Mark der Vanilleschote cremig rühren

↓

3   Gelatine ausdrücken, mit 2 EL Wasser bei kleiner Hitze auflösen

↓

4   Sahne steif schlagen, 1 EL steife Sahne mit Gelatine verrühren und zur Ei-Masse geben, restliche Sahne unter die Creme heben, 4 Stunden kalt stellen

↓

5   Hälfte der Früchte durch ein Sieb streichen, Fruchtmark mit Ahornsirup und Zitronensaft vermischen, restliche Früchte hinzufügen, für mindestens 1 Stunde kalt stellen

Bodo Liekfeldt

EDV

Säuerlich-süß

PFLAUMEN-LIKÖR-MARMELADE
BROTAUFSTRICH MIT SCHUSS

(7–9 Gläser)

Liste der Zutaten:

» 1,4 kg Pflaumen
» 1 kg Gelierzucker
» 50 ml Crème de Cassis (Johannisbeerlikör)
» 50 g ganze Mandeln (blanchiert)

3,5 cm

Ablaufplanung:

1 Pflaumen waschen, halbieren und entsteinen

↓

2 1 kg Fruchtfleisch abwiegen, in grobe Stücke schneiden

↓

3 Pflaumen, Gelierzucker, Likör und Mandeln in einem großen Topf gut mischen, kurz pürieren

↓

4 Unter Rühren bei starker Hitze zum Kochen bringen,
4 Min. unter ständigem Rühren weiterkochen

↓

5 Marmelade sofort in Gläser füllen, fest verschließen

⁜ Nachtrag:

Beim Einfüllen der Marmelade
darauf achten, dass die Mandeln
gleichmäßig verteilt sind!

Carolin Apostel

Controlling

Süße Etagen

SCHICHTDESSERT
MIT WEINTRAUBEN

(4 Personen)

Liste der Zutaten:

» 1 kg Weintrauben, kernlos
» 250 g Quark
» 250 g Mascarpone
» 250 g Schlagsahne
» 2 Packungen Kekse
  (American Cookies)
» 1 Päckchen Vanillinzucker
» 100 g Zucker

»Schicht für Schicht ist dieses Dessert ein besonderes Geschmackserlebnis – eine köstliche Keks-Creme-Frucht-Mischung!«

Ablaufplanung:

1. Sahne steif schlagen, aus Quark, Mascarpone und Zucker eine Creme zubereiten, mit der Schlagsahne verrühren

   ↓

2. American Cookies zerbröseln

   ↓

3. Hälfte der Weintrauben in eine große oder mehrere kleine Schüsseln geben, darüber die Hälfte der Creme verteilen, darauf die Hälfte der zerbröselten Cookies, in gleicher Reihenfolge noch einmal schichten

   ↓

4. Dessert etwas stehen lassen, damit sich die Creme verteilen kann

Ohne Boden und Fundament

QUARKKUCHEN
BACKEN UND GENIESSEN!

(12–16 Stück)

Liste der Zutaten:

» 1 kg Magerquark
» 300 g Zucker
» 200 g Butter
» 50 g geriebene Mandeln
» 5 Eier
» 1 Zitrone (Saft)
» 2 Päckchen Vanillepudding
» 1 Prise Salz

Michael Beckmann
Projektsteuerung

Ablaufplanung:

1. Backform einfetten (optional Boden mit Keksbröseln aus-
   streuen)

   ↓

2. Eier trennen, Eiweiß steif schlagen

   ↓

3. Alle anderen Zutaten 10 Min. miteinander verrühren, das
   Eiweiß unterheben

   ↓

4. Quarkmischung in die Backform geben

   ↓

5. Im Ofen bei 180–190 °C backen, etwa 60 Min.

   ↓

6. Kalt aus der Form lösen und genießen

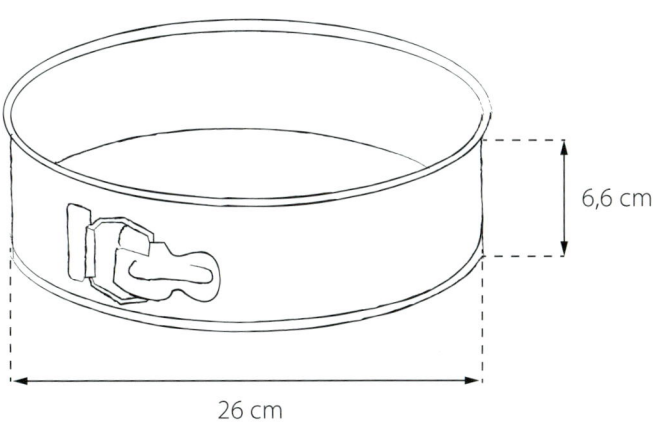

6,6 cm

26 cm

Aus Omas Kochbuch

FALSCHER HEFEKUCHEN

ZUM GARTENFEST

(24–30 Stück)

Liste der Zutaten für den Teig:

» 2 Eier
» 200 g Zucker
» 6 EL Öl
» 250 g Magerquark
» 350 g Mehl
» 1 Päckchen Backpulver
» Äpfel, Pflaumen oder Kirschen für den Belag

Liste der Zutaten für die Streusel:

» 250 g Mehl
» 125 g Zucker
» 175 g weiche Butter

Dr. Manfred Berlin
Brückenbau

Ablaufplanung:

1. Eier, Zucker, Quark und Öl verrühren

   ↓

2. Mehl zusammen mit dem Backpulver durchsieben und dazugeben (optional Backaroma wie Bittermandel- oder Butter-Vanille-Aroma unterheben)

   ↓

3. Teig zu einem Laib kneten, auf das Backblech mit Backpapier legen

   ↓

4. Teig mit einer Rolle oder den Händen und etwas Mehl gleichmäßig zu einer Fläche verteilen

   ↓

5. Mit einer Auswahl an Früchten belegen

   ↓

6. Bei etwa 200 °C Umluft ca. 25–30 Min. backen

»Frischer Kuchen im Garten mit meiner Familie am Wochenende, das bedeutet für mich Genuss und Lebensfreude, ganz besonders nach einer hektischen Arbeitswoche.«

Rezept aus der italienischen Schweiz

TORTA DI PANE TICINESE

BROTKUCHEN NACH TESSINER ART

(12–16 Stück)

Liste der Zutaten:

- » Springform (Ø ca. 22 cm)
- » 250 g altbackenes Brot
- » ½ Liter Milch
- » 1 Vanilleschote
- » 2 EL Schokoladenpulver
- » 2 Eier
- » 150 g Zucker
- » 1 Prise Salz
- » Saft und abgeriebene Schale einer halben Zitrone
- » 2–3 EL Sultaninen
- » 50 g Mandelsplitter (oder 50 g zerdrückte Amaretti)
- » Puderzucker nach Belieben
- » Butter und Mehl für die Form

Marco Tami

Architektur

Ablaufplanung:

1. Brot klein schneiden, in eine Schüssel geben

   ↓

2. Milch, Schokoladenpulver und Vanilleschote aufkochen, über das Brot gießen

   ↓

3. Zugedeckt ca. eine halbe Stunde stehen lassen

   ↓

4. Vanilleschote entfernen, Brot mit einer Gabel möglichst fein zerdrücken

   ↓

5. Eigelb, Zucker und Salz schaumig rühren

   ↓

6. Sultaninen, Zitronensaft, abgeriebene Zitronenschale und Mandelsplitter (oder zerdrückte Amaretti) unter das Brot mischen

   ↓

7. Steif geschlagenes Eiweiß unter die Masse ziehen, diese in die gebutterte und bemehlte Form füllen

   ↓

8. 1 Stunde backen bei etwa 180 °C

   ↓

9. Torte aus der Form nehmen, auskühlen lassen und mit Puderzucker bestreuen

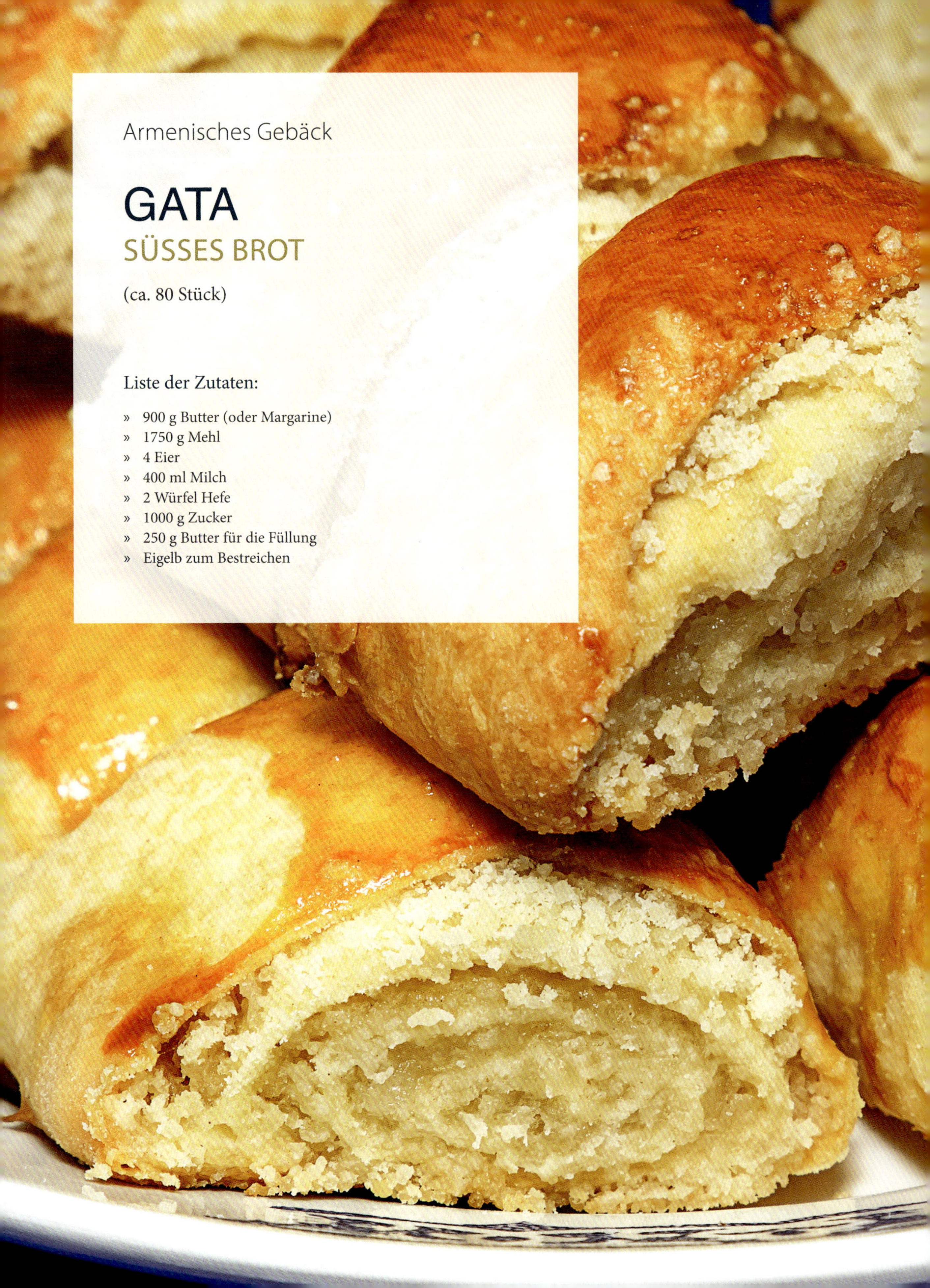

Armenisches Gebäck

GATA
SÜSSES BROT

(ca. 80 Stück)

Liste der Zutaten:

» 900 g Butter (oder Margarine)
» 1750 g Mehl
» 4 Eier
» 400 ml Milch
» 2 Würfel Hefe
» 1000 g Zucker
» 250 g Butter für die Füllung
» Eigelb zum Bestreichen

Aram Awetisian
Architektur

Ablaufplanung:

1. 900 g Butter (weich) und das Mehl mit den Händen verkneten, in der Mitte dieser Masse eine Kuhle formen

    ↓

2. 4 Eier mit 4 EL Zucker mixen

    ↓

3. 400 ml Milch erwärmen und Hefe-Würfel in der Milch auflösen

    ↓

4. Ei-Zucker-Masse und Hefe-Milch-Mischung in die Kuhle zum Teig geben, zu einer einheitlichen Masse kneten, Teig in 8 Kugeln teilen

    ↓

5. 250 g Butter in einem Topf zum Schmelzen bringen

    ↓

6. 1 Kugel Teig nehmen, mit dem Nudelholz ausrollen

    ↓

7. 3–4 EL geschmolzene Butter auf der gesamten Teigfläche verteilen, 5–6 EL Zucker daraufstreuen, mit der Hand auf der gesamten Fläche verteilen

    ↓

8. Von einer Seite anfangen einzurollen, die Rolle mit dem Nudelholz etwas flach drücken und mit dem Messer in Rautenform schneiden (schräg schneiden, damit die typische Gata-Form entsteht)

    ↓

9. Gatas auf ein mit Backpapier ausgelegtes Backblech legen, mit Eigelb bestreichen und bei ungefähr 175–180 °C (Umluft) im Backofen backen

Mit süßen Mandeln

RUNDER BIENENSTICH

CREMIG GEFÜLLT

(12–16 Stück)

Liste der Zutaten:

» 100 g Mehl
» 150 g Zucker
» 4 Eier
» 1 Päckchen Vanillezucker
» 1 TL Backpulver
» 1 EL Zucker
» 1 Päckchen Mandelblättchen
» 2 Becher Sahne
» 1 Päckchen Cremepulver (Paradiescreme Vanille)

Carolin Apostel
Controlling

Ablaufplanung:

1. Eier mit Zucker und Vanillezucker sehr schaumig rühren, zügig Mehl und Backpulver unterrühren, den Teig in eine runde Backform (Ø 26 cm) geben

2. Mandelblättchen mit 1 EL Zucker, ohne Öl in einer Pfanne kurz rösten, auf den Teig geben

3. 30 Min. bei 175 °C backen

4. Paradiescreme mit 2 Bechern Sahne verrühren

5. Kuchen erkalten lassen, waagerecht durchschneiden, mit der Creme füllen

✳ Nachtrag:

Den „Deckel" des Kuchens in Stücke schneiden, bevor er auf die Creme gelegt wird. Durch die Mandeln wird der Deckel sehr fest und das Schneiden würde die Creme wieder rausgedrücken.

Christin Klüber

Verwaltung

Cremig-frisch

JOGHURT-ERDBEER-TORTE

PASST AUF JEDEN KAFFEETISCH

(12–16 Stück)

Liste der Zutaten für den Teig:

» Springform (Ø 26 cm)
» 150 g Joghurt
» 2 Eier (Größe M)
» 150 ml Speiseöl (z. B. Sonnenblumenöl)
» 2 EL Zitronensaft
» 150 g Zucker
» 2 Päckchen Vanillezucker
» 200 g Mehl
» 3 TL Backpulver

Liste der Zutaten für den Belag:

» 1 Glas Erdbeermarmelade
» 400 ml Schlagsahne
» 2–3 Päckchen Sahnesteif
» 300 g Erdbeer-Sahne-Joghurt
» frische Erdbeeren als Deko

Ablaufplanung:

1. Backofen auf 180 °C vorheizen

2. Joghurt, Eier, Öl, Zitronensaft, Zucker und Vanillezucker in einer Rührschüssel mixen

3. Mehl und Backpulver gut vermischen, unterrühren

4. Teig in die Springform füllen, glatt streichen, auf dem Rost im unteren Drittel in den vorgeheizten Backofen schieben

5. Ober-/Unterhitze etwa 180 °C Heißluft, Backzeit etwa 30 Min.

6. Boden abkühlen lassen, Springformrand entfernen

7. Boden waagerecht in der Mitte teilen, Springformrand um die untere Hälfte befestigen, Erdbeermarmelade auf der unteren Hälfte verteilen, obere Hälfte darauflegen

8. Sahne mit Sahnesteif steif schlagen, Joghurt unterheben, Creme auf dem Tortenboden verteilen, glatt streichen

9. Torte kurz kühl stellen, damit die Masse fester wird (optional, kann auch gleich serviert werden)

10. Erdbeeren halbieren und auf der Torte verteilen

Anke Himmelreich

Schadstoffmanagement

Gerührt und gefährlich

TEUFELSKUCHEN
MIT SCHOKOLADENGUSS

(10–16 Stück)

Liste der Zutaten:

» 250 g Margarine
» 4 Eier
» 2 Tassen (300 ml) Mehl
» 2 Tassen (300 ml) Zucker
» 1 TL Natron
» 3 EL Backkakao
» 250 g saure Sahne

»Teuflisch gut und noch verführerischer wird der Kuchen mit einer Schokoladenglasur. Im Wasserbad auflösen und etwas Fett, z. B. Palmin, dazugeben, damit die Glasur besser aushärtet.«

Ablaufplanung:

1 Margarine im Topf schmelzen, in eine Schüssel geben und nacheinander Zucker, Eier, Mehl, Kakao und Natron einrühren, gut mixen

↓

2 Saure Sahne dazugeben, auf höchster Stufe intensiv mixen, bis der Teig viele Luftblasen bildet

↓

3 Kuchenform mit Backpapier auslegen, flüssigen Teig einfüllen

↓

4 Bei 150–170 °C ca. 50 Min. backen (bei Umluft ggf. etwas kürzer)

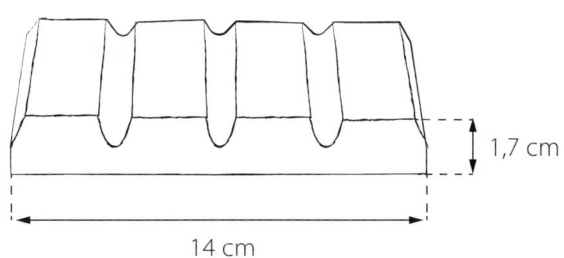

1,7 cm

14 cm

Schicht für Schicht

NAPOLEONTORTE
MIT EINEM SCHUSS WODKA

(12–16 Stück)

Liste der Zutaten für die Creme:

» 1,5 Liter Milch
» 4 Eier
» 300 g Zucker
» 4 EL Mehl
» 150 g Butter

Liste der Zutaten für die Tortenböden:

» 400 g Butter
» 650 g Mehl
» 150 ml Wasser (eiskalt)
» 3 EL Wodka (alternativ Cognac)
» 1 EL Essig 9 %
» 2 Eier
» Salz, Messerspitze

Ablaufplanung Cremezubereitung:

1 Milch erhitzen

↓

2 Eier mit Zucker schaumig schlagen, Mehl dazugeben und durchmischen

↓

3 2–3 Kellen heiße Milch in die Ei-Zucker-Mischung geben, dabei rühren

↓

4 Ei-Zucker-Mischung in die restliche Milch geben, rühren, bis die Creme dickflüssig wird, kurz aufkochen, vom Herd nehmen, Butter dazugeben und abkühlen lassen

Julia Voß

Wasserbau

Ablaufplanung Tortenböden:

1. Wasser, Wodka, Essig, Eier und Salz mischen, kurz zur Seite stellen

   ↓

2. Gefrorene Butter in sehr kleine Würfel schneiden oder reiben, zu dem Mehl geben, leicht vermischen

   ↓

3. Wodka-Ei-Mischung dazugeben, leicht unterheben und vermengen

   ↓

4. Teig in 10 gleiche Teile aufteilen, jedes Stück in Frischhaltefolie einpacken, in den Kühlschrank legen für etwa 30 Min.

   ↓

5. Teig aus der Folie nehmen, auf dem Backpapier ausrollen, mit einem Topfdeckel (Ø 26 cm) ausstechen, den Teig mit der Gabel mehrmals anstechen, inkl. Rand im Backofen bei 180–200 °C goldgelb backen, danach auskühlen lassen

   ↓

6. Tortenböden mit der Creme bestreichen, aufeinandersetzen

   ↓

7. Teigreste in eine kleine Tüte legen, mit der Teigrolle zerkleinern, anschließend dekorieren (beliebige Auswahl an Zutaten nutzen)

Biskuitteig und Butterkeks

ZITRONEN-SCHNITTEN

MIT SAHNE

(25–30 Stück)

Liste der Zutaten für den Boden:

» 1 Backmischung Biskuit 260 g von „Kathi" (2 Tüten)

Liste der Zutaten für die Füllung:

» 2 Tassen Wasser
» 1 Tasse Zucker
» 3 EL Zitronensaft
» 1 Päckchen Vanillepudding
» 2 Eier
» 150 g Butter

Liste der Zutaten für den Belag:

» 3 Becher Schlagsahne
» 1 Päckchen Vanillezucker
» 3 Päckchen Sahnesteif
» 1 Päckchen Butterkekse
» 250 g Puderzucker
» Saft von 1 Zitrone

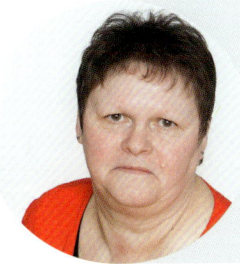

Gabriele Wenzel

Verwaltung

Ablaufplanung:

1. Biskuitteig nach Anleitung backen

↓

2. 2 Eiweiß steif schlagen, zur Seite stellen, restliche Zutaten für die Füllung (außer Butter) kurz aufkochen, danach 150 g Butter und Eischnee unterheben

↓

3. Füllung auf Biskuitboden streichen, kalt werden lassen

↓

4. Schlagsahne, Vanillezucker und Sahnesteif mischen und aufschlagen, auf dem Kuchen verteilen

↓

5. Mit Butterkeksen belegen und mit Zitronenglasur (Puderzucker + Zitronensaft) bestreichen

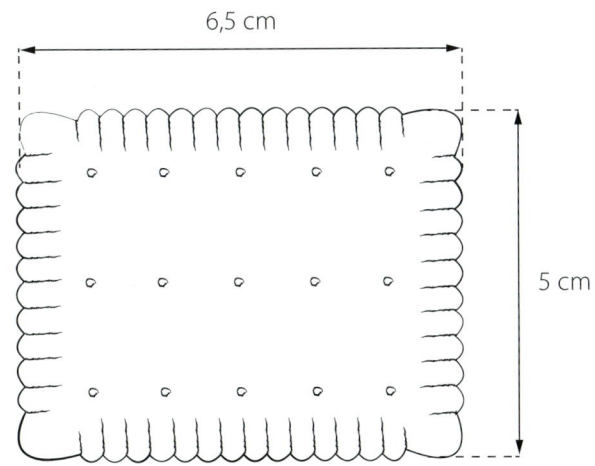

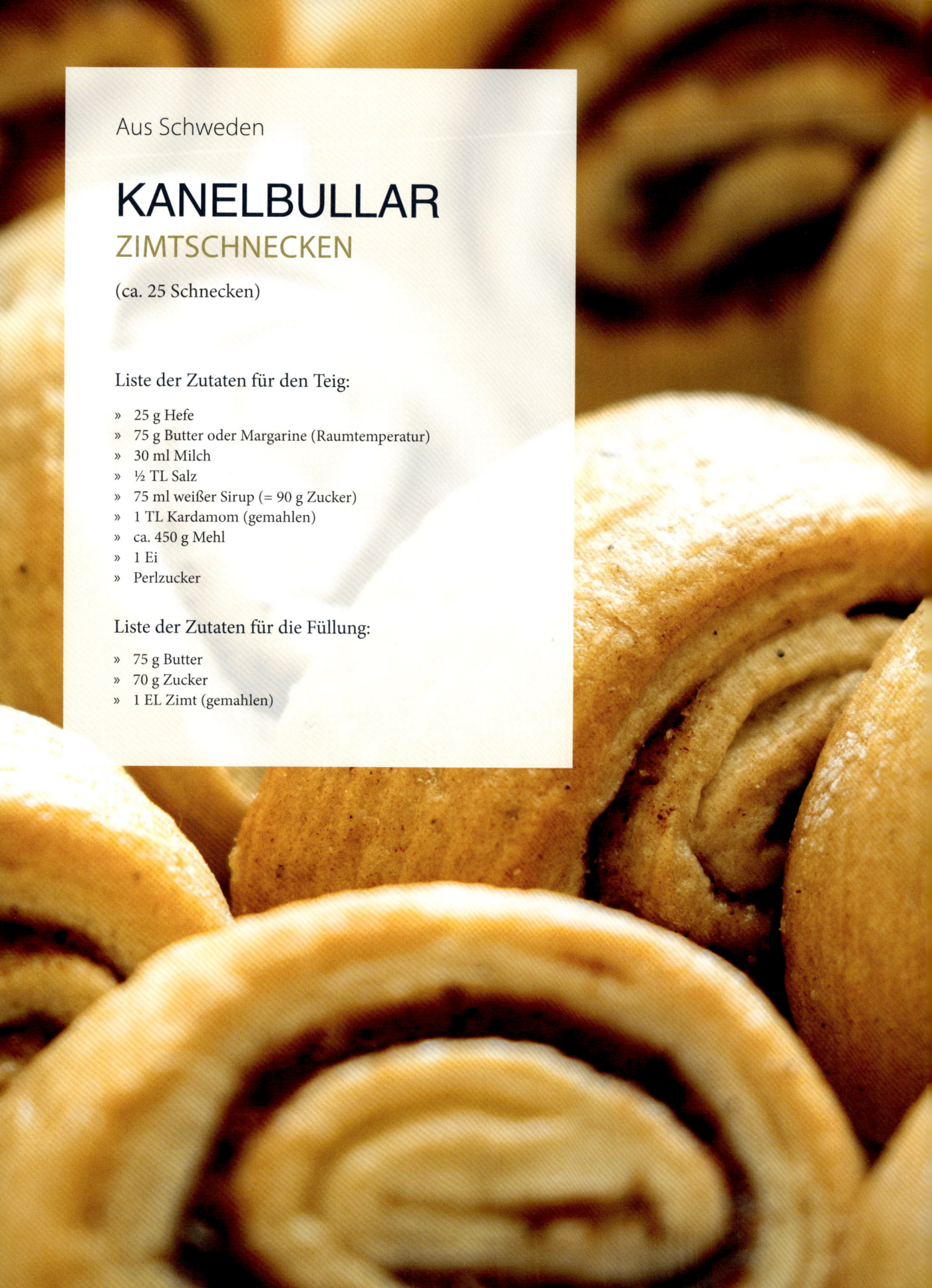

Aus Schweden

KANELBULLAR
ZIMTSCHNECKEN

(ca. 25 Schnecken)

Liste der Zutaten für den Teig:

» 25 g Hefe
» 75 g Butter oder Margarine (Raumtemperatur)
» 30 ml Milch
» ½ TL Salz
» 75 ml weißer Sirup (= 90 g Zucker)
» 1 TL Kardamom (gemahlen)
» ca. 450 g Mehl
» 1 Ei
» Perlzucker

Liste der Zutaten für die Füllung:

» 75 g Butter
» 70 g Zucker
» 1 EL Zimt (gemahlen)

Barbara Schlottke
Umweltplanung

Ablaufplanung:

1 Milch auf 37 °C erwärmen

↓

2 Hefe in einer Schüssel zerkrümeln, ein wenig von der Milch dazugeben, rühren, bis die Hefe sich auflöst

↓

3 Restliche Milch, Salz, Sirup, Fett, Kardamom und Mehl (etwas Mehl aufheben) dazugeben und durchkneten, bis sich der Teig vom Schüsselrand gut löst, abgedeckt ca. 30 Min. stehen lassen

↓

4 Zutaten für die Füllung verrühren, zur Seite stellen

↓

5 Teig mit dem restlichen Mehl vermischen, auf einer bemehlten Arbeitsfläche ausrollen (ca. 30 cm × 70 cm)

↓

6 Teigplatte mit der Füllung bestreichen, von der Längsseite aufrollen und ca. 3 cm breite Stücke schneiden

↓

7 Schnecken auf das Backblech geben (wahlweise Verwendung von Papierförmchen oder eines Muffinbleches), ca. 30 Min. mit einem Tuch bedeckt stehen lassen

↓

8 Schnecken mit Ei bepinseln und mit Perlzucker bestreuen

↓

9 Bei 200 °C ca. 8 Min. backen, unter einem Tuch abkühlen lassen

Architektur- und kunsthistorischer Gruß

BRETONISCHE APFELTORTE

FAMILIENREZEPT VON UTE KALLMEYER

(12–16 Stück)

Liste der Zutaten:

» 3 Äpfel
» 125 g Butter
» 100 g Mehl
» 150 g Zucker
» ½ Päckchen Backpulver
» 2 Päckchen Vanillezucker
» 3 Eier
» 2 EL Milch

»Im Rahmen der Recherchen für meine Doktorarbeit war ich 2007 bei einem Enkel des Architekten Julius Rudolph Kallmeyer (1842–1945). Seine Frau, Ute Kallmeyer, hatte diesen schmack-haften Kuchen zubereitet, der über Generationen in der Familie bekannt ist. Dankenswerterweise hat mir Frau Kallmeyer das Rezept für meine Familie zur Verfügung gestellt.«

Dr. Haie-Jann Krause

Architektur

Ablaufplanung:

1. Butter erwärmen und etwas Salz hinzufügen

   ↓

2. Backofen auf 200 °C vorheizen

   ↓

3. Mehl, Zucker, Backpulver, Vanillezucker, 2 Eier, 2 EL Milch miteinander verquirlen und die Hälfte der Butter unterrühren

   ↓

4. 3 Äpfel in kleine Würfel schneiden, unter den Teig heben

   ↓

5. Springform buttern, mit Mehl ausstäuben

   ↓

6. Teig einfüllen, 15–20 Min. backen, die Oberfläche sollte sich leicht gefärbt haben

   ↓

7. 75 g Zucker, 1 Päckchen Vanillezucker, 1 Ei gut verrühren und mit der restlichen Butter zu einer Creme schlagen, über den vorgebackenen Kuchen gießen

   ↓

8. Weitere 15–20 Min. backen

(∗) Nachtrag:

Wenn der Kuchen zu schnell braun wird, mit gewölbtem Backpapier abdecken. Die Apfeltorte kann kalt oder warm serviert werden.

Stefanie Vöpel

Baumanagement

Backspaß mit der Familie

BRAUNE PFEFFERNÜSSE
BUNT DEKORIERT

(ca. 60 Plätzchen)

Liste der Zutaten:

» 1000 g Mehl
» 500 g Zucker
» 500 g Sirup
» 375 g weiche Butter
  oder Gänseschmalz
» 200 g saure Sahne
» 1 unbehandelte Zitrone
  (abgeriebene Schale)
» 1 Päckchen Lebkuchengewürz
» 15 g Pottasche

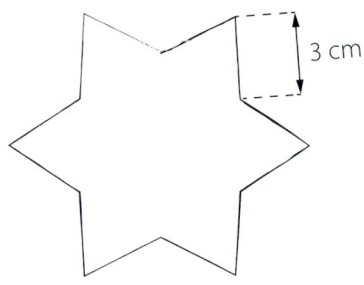

Ablaufplanung:

1. Alle Zutaten zu einem glatten Teig verkneten, an einem kühlen und trockenen Ort über Nacht ziehen lassen, damit sich die Aromen entfalten

   ↓

2. Vor der Verarbeitung den Teig noch einmal durchkneten, auf einer bemehlten, glatten Oberfläche ausrollen, mit Plätzchenformen ausstechen

   ↓

3. Plätzchen auf ein Blech mit Backpapier legen, ca. 7–8 Min. bei 160 °C Umluft backen

   ↓

4. Plätzchen aus dem Ofen nehmen, nach Belieben verzieren

✳ Nachtrag:

Die angegebenen Zutaten ergeben sehr viel Teig. Wer die Pfeffernüsse das erste Mal probieren oder noch andere Plätzchen backen möchte, dem empfehle ich nur die Hälfte der Zutaten zu verwenden.

Andrea Seiler

Baumanagement

Knusprig zart

HAFERFLAKES-PLÄTZCHEN
MIT VANILLE-GESCHMACK

(ca. 80 Plätzchen)

Liste der Zutaten:

» 250 g Butter
» 200 g knusprige Haferflakes
» 300 g kernige Haferflocken
» 200 g Zucker
» 2 Eier
» 2 Päckchen Vanillezucker
» 50 g Mehl
» 1 TL Backpulver

Ablaufplanung:

1 Butter in einem Topf zerlassen, Haferfleks hinzufügen, verrühren und anschließend abkühlen lassen

↓

2 Übrige Zutaten schaumig rühren, zu den Haferflocken geben

↓

3 Teelöffelweise auf einem Backblech mit Backpapier portionieren, ca. 8–10 Min. bei 160–170 °C Umluft backen

✳ Nachtrag:

Den Teig auf dem Backblech mit genügend Abstand positionieren, da die Plätzchen zerlaufen.

»Das schnelle und einfache Rezept war ein Experiment. Heute sind die knusprigen Haferflakes die Lieblingsplätzchen meiner Familie.«

1 Berlin

6 Hamburg

2 Bremen

3 Cottbus

4 Dresden

5 Freiburg

2

6

7

12

5

BLICK IN ALLE TÖPFE –

STANDORTE IN DEUTSCHLAND

9 Potsdam

10 Rostock

7 Hannover

11 Schwerin

8 München

12 Stuttgart

Berlin

Selbst gemachte Brotzeit

VOLLKORN-MAISBROT
MIT GRÜNEM HUMMUS

(1 Laib)

Liste der Zutaten für das Maisbrot:

- » 215 g Maismehl
- » 140 g Weizenvollkornmehl
- » 1 TL Backpulver
- » 1 TL Meersalz
- » ½ TL Natron
- » 360 ml Buttermilch, fettarm
- » 60 ml Rapsöl
- » 2 Eier (Größe L)
- » 45 g Butter
- » 1 EL Honig

Liste der Zutaten für den Grünen Hummus:

- » 240 g gegarte Kichererbsen
- » 3 Frühlingszwiebeln
- » 1 Bund Petersilie
- » 1 Bund Basilikum
- » Saft von ½ Zitrone
- » 2 EL Tahin (Sesammus)
- » 5 EL Öl
- » Salz
- » Pfeffer

Ablaufplanung Maisbrot:

1. Gusseisernes Backgefäß (runde oder kastenförmige Backform) in den Ofen stellen, diesen auf 220 °C vorheizen

2. Maismehl, Mehl, Backpulver, Natron und Salz in einer kleinen Schüssel vermischen, beiseitestellen

3. Buttermilch, Öl, Eier, Butter und Honig in der aufgeführten Reihenfolge in den Mixer geben, von Stufe 1 auf die höchste Stufe erhöhen, ca. 15 Sek. mixen

4. Mischung zu den trockenen Zutaten geben, alles verrühren, Teig in das vorgeheizte Gefäß einfüllen

5. 20 Min. backen, bis Ränder und Oberfläche leicht gebräunt sind, abkühlen lassen

Ablaufplanung Grüner Hummus:

1. Blätter von Petersilie und Basilikum abzupfen, Frühlingszwiebeln in Stücke schneiden

2. Kräuter, Zwiebeln, Kichererbsen, Zitronensaft, Tahin und Öl in den Mixer geben, von Stufe 1 auf die mittlere Stufe erhöhen, 1 Min. mixen, stückig oder cremig je nach Geschmack

3. Hummus mit Salz, Pfeffer abschmecken, etwa 1 Stunde ziehen lassen

»Bei uns in Berlin sind die Küchen verschiedenster Länder zu Hause. Die kulinarische Vielfalt ist groß neben der traditionellen Currywurst. Der Grüne Hummus ist ein Ausflug in die orientalische Küche, schmeckt zu Brot, Grillgemüse oder Fleisch.«

Springform Ø 26 cm

MOHNTORTE
KANN SÜCHTIG MACHEN!

(1–16 Personen)

Liste der Zutaten für den Teig:

» 4 Eier
» 1 Tasse Mehl (Fassungsvermögen 250 ml)
» 1 Tasse Zucker
» 1 Tasse Mohn (gemahlener Blaumohn)
» 1 Tasse Öl
» 1 Päckchen Backpulver
» Puderzucker (zum Bestreuen)

Liste der Zutaten für die Füllung:

» 1 Päckchen Puddingpulver (Vanille)
» 500 ml Milch
» 2 EL Zucker

Ablaufplanung:

1. Zutaten für den Teig in eine Rührschüssel geben und mixen

   ↓

2. Teig in eine gefettete, bemehlte Springform geben, bei 180 °C ca. 30 Min. backen

   ↓

3. Kuchen abkühlen lassen, waagerecht in der Mitte aufschneiden

   ↓

4. Pudding nach Packungsanleitung, aber nur mit 2 EL Zucker kochen, abkühlen lassen

   ↓

5. Untere Hälfte des Bodens in der Springform mit Pudding bestreichen, zweite Hälfte daraufsetzen

   ↓

6. Kuchen kurz vor dem Servieren mit Puderzucker bestreuen

»Der Mohnkuchen ist seit Jahren der Renner im Berliner Büro. Das kleine Korn bietet viele Möglichkeiten für Variationen. Von uns empfohlen zum Nachbacken!«

Bremen

Beliebte norddeutsche Spezialität

BREMER KNIPP

TRADITIONELLES „ARME-LEUTE-ESSEN"

(2 Personen)

Liste der Zutaten:

» 1 kg Knipp (der Pinkel verwandte Grützwurst)
» 2 EL Schweineschmalz
» 300 g Salzkartoffeln
» 250 g Gewürzgurken
» 250 g Rote Bete
» 1 Zwiebel
» Apfelmus (nach Geschmack)

Ablaufplanung:

1. Knipp zerkleinern, in die nicht gefettete Pfanne geben, zerbröseln

   ↓

2. Je nach Knipp Fett abgießen oder nachfetten

   ↓

3. Zwiebel in sehr kleine Würfel schneiden, dazugeben und kross anbraten

   ↓

4. Mit Salzkartoffeln, Gewürzgurke und Roter Bete servieren

✳ Nachtrag:

Niemals Öl oder Butter dazugeben, Schweineschmalz oder ersatzweise Margarine! Alternativ mit Apfelmus genießen!

»Die deftige Grützwurst ist ein Ur-Bremer Essen. Früher wurden Schlachtreste verwendet, daher die Bezeichnung „Arme-Leute-Essen". Heute steht Knipp als Bremer Spezialität auf den Speisekarten.«

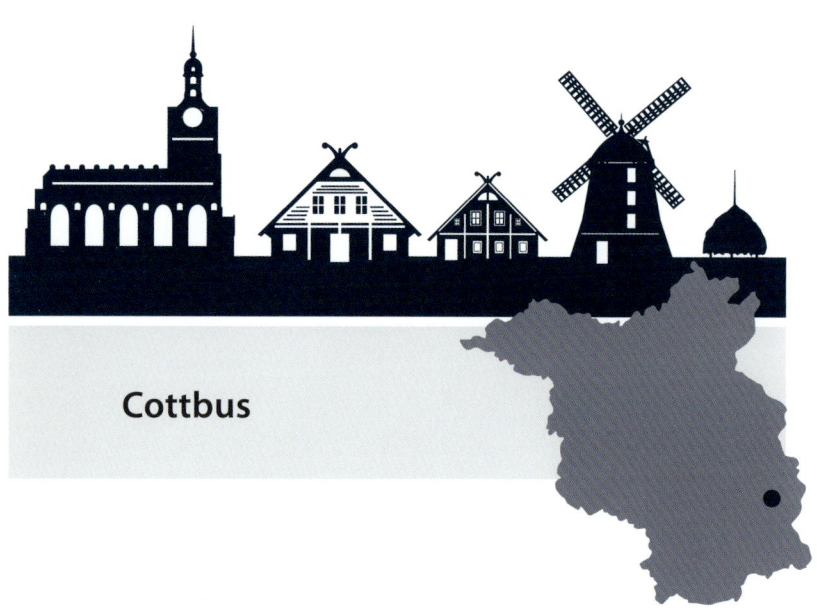

Cottbus

Was macht den Spreewälder stark?

PELLKARTOFFELN
MIT LEINÖL UND QUARK

(2 Personen)

Liste der Zutaten:

» 1 kg junge Kartoffeln
» 500 g Quark
» 1 Tasse Milch
» 1 Becher saure Sahne oder Schmand
» Salz und weißer Pfeffer
» Zwiebeln
» Schnittlauch
» Leinöl

Ablaufplanung:

1. Kartoffeln waschen und kochen

   ↓

2. Quark mit wenig Milch und je nach Geschmack mit saurer Sahne oder Schmand anrühren, mit Salz und Pfeffer würzen

   ↓

3. Zwiebeln und Schnittlauch frisch hacken, dazugeben

(✳) Nachtrag:

Das Beste: Ein Schuss Leinöl, ganz frisch, ist ein unbedingtes Muss! Stellen Sie ein kleines Kännchen mit Leinöl auf den Tisch, so kann sich jeder sein Essen nach seinem Geschmack verfeinern.

WISSENSWERTES ZUM LEINÖL

»Pellkartoffeln mit Leinöl und Quark sind heute von keiner Speisekarte der Restaurants im Spreewald wegzudenken. Leinöl wird im Spreewald auch als natürliches Hausmittel verwendet. Da Leinöl keine Kohlenhydrate enthält, können auch Diabetiker ihr Essen mit reichlich Leinöl verfeinern. Bei Heiserkeit und Reizhusten hilft warmes Leinöl als Getränk.«

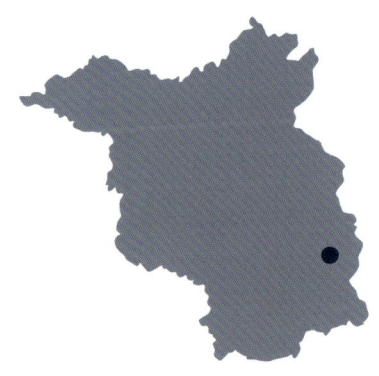

Sorbischer Nachtisch

SPREEWÄLDER HEFEPLINSEN

EINE SÜSSE TRADITION

(4 Personen)

Liste der Zutaten:

» 1 Liter Milch
» 500 g Mehl
» 4 Eier
» 25 g Hefe
» 30 g Zucker
» 1 Prise Salz
» Zucker und Zimt

Ablaufplanung:

1 Hefe und Milch verrühren

↓

2 Zucker, Salz, Eier hinzufügen, Mehl unterrühren, bis der Teig glatt ist

↓

3 Teig etwa 60 Min. an einem warmen Ort ruhen lassen

↓

4 Butter in einer Pfanne zerlassen, eine Kelle Plinsenteig zugeben

↓

5 Plinse mehrfach wenden, bis beide Seiten goldgelb sind

↓

6 Zusammenrollen und mit einer Mischung aus Zucker und Zimt bestreut servieren

Dresden

Schmorbraten

SÄCHSISCHES SENFFLEISCH

ZART MIT PUMPERNICKEL

(4 Personen)

Liste der Zutaten:

» 500 g Rind- oder Schweinefleisch für Gulasch (Stück)
» 1 kg Kartoffeln
» 2 Zwiebeln
» 2 Scheiben Pumpernickel oder Schwarzbrot
» 1 Gurke
» 1 TL Kümmel (ganz)
» 2 Gewürznelken
» 1 Bund Petersilie
» 2–3 EL Öl
» 2 EL scharfer Senf
» Salz, Pfeffer

Ablaufplanung:

1. Fleisch in Würfel und Zwiebeln in Streifen schneiden

↓

2. Fleisch anbraten, zum Ende Zwiebeln zufügen, kurz mitbraten, mit Salz und Pfeffer würzen, etwa 750 ml Wasser dazugeben, bis das Fleisch knapp bedeckt ist

↓

3. Kümmel, Gewürznelke zufügen, aufkochen und zugedeckt ca. 90 Min. schmoren

↓

4. Gurke schälen, längs halbieren, Kerne entfernen und in Würfel schneiden

↓

5. Brot fein hacken, Kartoffeln schälen, in Stücke schneiden und ca. 20 Min. in Salzwasser garen

↓

6. Gurke und Brot zum fertigen Fleisch geben, weitere 5–10 Min. schmoren, ab und zu umrühren

↓

7. Petersilie hacken, Senf in die Fleischsoße rühren, mit Salz und Pfeffer abschmecken, Kartoffeln abgießen und alles anrichten, mit Petersilie bestreuen

Freiburg

Typisch badisch

BIBLISKÄS MIT BRÄGELE

QUARK MIT BRATKARTOFFELN

(4 Personen)

Liste der Zutaten für den Bibliskäs:

- » 500 g Magerquark
- » 200 g Sauerrahm
- » ½ Bund Schnittlauch
- » ½ TL Salz
- » 1 Messerspitze Pfeffer
- » ½ Bund Petersilie

Liste der Zutaten für die Brägele:

- » 400 g Pellkartoffeln vom Vortag
- » 1 Zwiebel
- » 40 g Butter
- » Pfeffer und Salz
- » frische Petersilie

Ablaufplanung Bibliskäs:

1. Schnittlauch und Petersilie klein schneiden

   ↓

2. Magerquark, Sauerrahm, Salz und Pfeffer zusammen in einer Schüssel verrühren, Schnittlauch, etwas Petersilie unterheben

   ↓

3. Mit Petersilie garnieren

Ablaufplanung Brägele:

1. Pellkartoffeln pellen, in nicht zu feine Scheiben schneiden, Zwiebel grob würfeln

   ↓

2. Butter bei mittlerer Hitze in einer Pfanne schmelzen, Kartoffeln mit Zwiebeln zufügen, pfeffern, salzen

   ↓

3. Brägele goldbraun braten

   ↓

4. Mit Petersilie bestreut servieren, Bibliskäs nicht vergessen

✳ Nachtrag:

Bibbele heißt auf Badisch Hühnerküken. Der Quark heißt Bibiliskäs, weil früher die Küken nach der Geburt mit Quark aufgepäppelt wurden.

Hamburg

Das nordische Original

LABSKAUS
SEEMANNSGERICHT AUS FISCH UND FLEISCH

(4–6 Personen)

Liste der Zutaten:

- » 500 g Pökel- oder Kasslerfleisch
- » 4 Rollmöpse oder 4 Seiten Bismarckhering (oder 4 Seiten Sherry-Matjes)
- » 400 g Kartoffeln, mehlig kochend
- » Salz
- » 400 g Rote-Bete-Knollen, gegart und geschält
- » 200 g Gewürzgurken
- » 100 ml Gewürzgurkensud
- » Pfeffer
- » 2 EL Öl
- » 2 Eier (Größe M)

Ablaufplanung:

1 Kartoffeln schälen, vierteln und in kochendem Salzwasser 20 Min. garen

↓

2 Inzwischen 300 g Rote Bete in grobe Stücke schneiden, mit Gewürzgurken, Gewürzgurkensud und Pökelfleisch fein pürieren

↓

3 Restliche Rote Bete in dünne Spalten schneiden

↓

4 Kartoffeln abgießen, mit einer Gabel oder einem Kartoffelstampfer fein zerdrücken, Rote-Bete-Püree unterheben und alles bei milder Hitze erwärmen, mit Salz und Pfeffer würzen (Fertig ist der Labskaus!)

↓

5 Öl in einer Pfanne erhitzen, Eier als Spiegeleier braten

↓

6 Zusammen mit den Rollmöpsen oder Matjes und Rote-Bete-Spalten zum Labskaus servieren

✳ Nachtrag:

Dazu schmeckt ein Blattsalat mit Zitronen-Sahne-Soße.

Anbau mit langer Tradition

SPARGEL AUS NIEDERSACHSEN

MIT MAIBOCKRÜCKEN IM KARTOFFELMANTEL

(4 Personen)

Liste der Zutaten:

» ca. 800 g Rückenfilet (Reh)
» 5–6 (je nach Größe) festkochende Kartoffeln
» 1 Knoblauchzehe
» Olivenöl zum Braten
» 3 Eigelb
» 300 g geklärte Butter
» 100 ml Weißwein

» ½ TL Worcestersoße
» Cayennepfeffer
» Zitronensaft
» 10 Stiele Pimpinelle
» 500 g Spargel
» 1 Liter Wasser
» 1 Prise Zucker
» ½ –1 TL Salz

Ablaufplanung Spargel:

1. Spargel schälen, Enden abschneiden

   ↓

2. Wasser mit Salz, Zucker und Zitronensaft zum Kochen bringen

   ↓

3. Spargelstangen in den Topf legen und ca. 15 Min. garen (kürzere Garzeit, wenn Spargeltopf verwendet wird)

Ablaufplanung Maibockrücken:

1. Maibockrücken salzen, pfeffern und von beiden Seiten anbraten

   ↓

2. Kartoffeln reiben, mit Salz, Pfeffer, Knoblauch und Muskatnuss würzen

   ↓

3. Kartoffelmasse in eine heiße Pfanne geben, eine Seite goldgelb braten, bis sie zusammenhält, auf ein Küchentuch legen

   ↓

4. Angebratenen Maibockrücken auf die rohe Seite des Röstis legen und aufrollen

   ↓

5. Das „Paket" im vorgeheizten Backofen auf einem Gitter bei 180 °C 10 Min. backen

Ablaufplanung Pimpinellenhollandaise:

1. Eigelb, Weißwein, Worcestersoße und Zitronensaft auf einem Wasserbad aufschlagen

   ↓

2. Vom Herd nehmen, langsam unter ständigem Rühren die Butter dazugeben, mit Gewürzen abschmecken, die gezupften Pimpinelle dazugeben

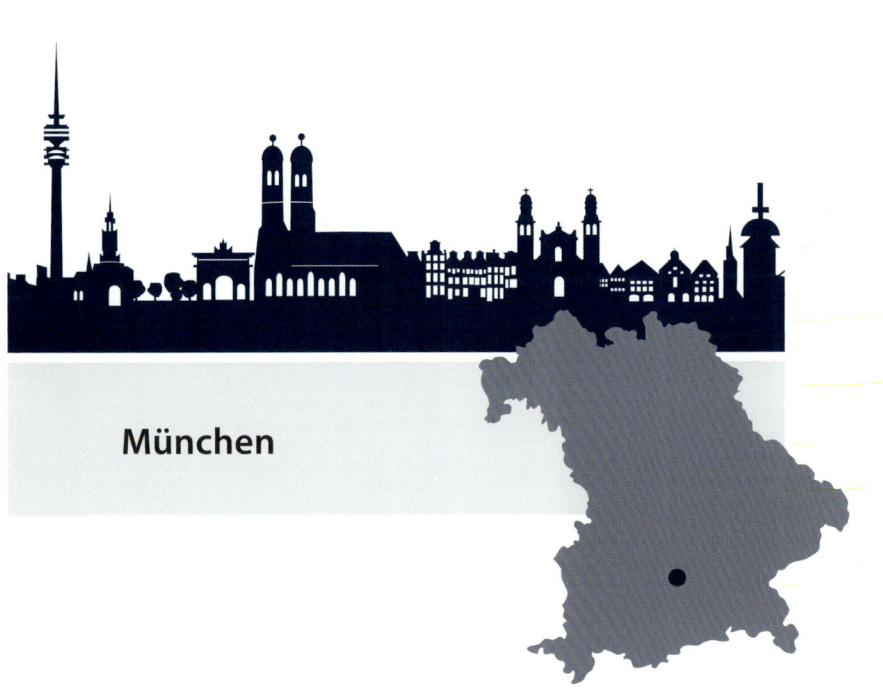

München

Brot- und Brezenaufstrich

OBAZDA
TYPISCH BAYRISCH

(1 Portion)

Liste der Zutaten:

- » 1 reifer Camembert, ca. 200 g
  (ca. 60 % Fett i. Tr.)
- » 60 g Butter
- » 2–3 EL Frischkäse
- » 1 kleine Zwiebel
- » 1 kleine rote Zwiebel
- » 1 TL Kümmel
- » 1 TL Paprikapulver, süß
- » 1–2 EL süße Sahne
- » 1 Bund Schnittlauch
- » Salz, Pfeffer

Ablaufplanung:

1 Camembert in Stücke schneiden, mit der Gabel zerdrücken

↓

2 Butter, Frischkäse und Gewürze dazugeben, gut mischen

↓

3 Zwiebeln klein würfeln, untermischen und mit der
Sahne das Ganze zu einer Masse mit cremiger Konsistenz verarbeiten (Camembert-Stückchen sollten noch
erkennbar sein)

↓

4 Schnittlauch klein und rote Zwiebel in dünne Scheiben
schneiden, kurz vor dem Servieren darübergeben

(✳) Nachtrag:

Als Beilage empfehlen wir Brezen oder frisches dunkles Brot,
Radieschen oder Rettich. Der Obazda soll frisch gegessen wer-
den, am nächsten Tag schmeckt er nicht mehr so gut! (Die frische
Zwiebel ist schuld.)

Potsdam

Sahniges Gemüse

BRANDENBURGER SCHMORGURKEN

MIT FRISCHEM DILL

(4 Personen)

Liste der Zutaten:

» 500 g Gehacktes (gemischt)
» 40 g Semmelbrösel
» 1 Zwiebel
» 60 g Kräuterbutter
» 1 kg grüne Gurken
» 4 EL Weißweinessig
» 1 Ei
» 350 ml Sahne
» 100 ml Gemüsefond
» 1 TL Speisestärke/Soßenbinder
  (alternativ auch mit Mehlschwitze machbar)
» 1 Bund Dill

Ablaufplanung:

1 Gurken schälen, halbieren, Kerne mit einem Teelöffel entfernen, in 2 cm dicke Scheiben schneiden

↓

2 Gehacktes, Semmelbrösel, klein geschnittene Zwiebel, Ei, Salz und Pfeffer mischen, daraus 12–14 Hackbäll-chen formen

↓

3 Kräuterbutter auslassen, Zwiebel klein schneiden und andünsten, Gurkenscheiben zufügen und kurz mit-dünsten, mit Essig ablöschen, Gurken mit Schaumkelle aus dem Topf nehmen

↓

4 Sahne und Gemüsefond angießen, würzen, Hackbäll-chen zufügen, 10 Min. mild garen

↓

5 Gurken wieder zufügen, weitere 10–15 Min. köcheln, mit Speisestärke binden, abschmecken und Dill unter-heben, mit Kartoffeln oder Kartoffelbrei servieren

»Die Schmorgurken sind sehr beliebt bei uns in Brandenburg. Die Rezepte variieren, wir haben uns für die herzhafte Variante mit Gehacktem entschieden. Immer dabei: Die dicken Gurken und eine Fleischbrühe.«

Rostock

Kulinarisches aus Vorpommern

BUTTERMILCH-KARTOFFELSUPPE

FÜR DIE HERBST- UND WINTERZEIT

(4 Personen)

Liste der Zutaten:

» 8–10 mittelgroße Kartoffeln
» 1 Liter Buttermilch
» 3 Bockwürste
» 8 Scheiben durchwachsener Speck
» etwas Gemüsebrühe
» 2 EL getrockneter Majoran
» 2 Lorbeerblätter
» 2 Pimentkörner
» schwarzer Pfeffer aus der Mühle
» Meersalz

Ablaufplanung:

1 Kartoffeln schälen, in Salzwasser gar kochen (ca. 20 Min.)

↓

2 Würste in etwa ½ cm dicke Scheiben schneiden, in heißem Öl von beiden Seiten scharf anbraten

↓

3 Speck in einer Pfanne anbraten, bis er knusprig ist, warm stellen

↓

4 Kartoffeln stampfen, nach und nach Buttermilch und Brühe hinzugeben

↓

5 Stampfen und rühren, bis eine sämige dickflüssige Suppe entsteht

↓

6 Lorbeerblätter, Pimentkörner und Majoran hinzugeben, alles kurz aufkochen, mit Salz und Pfeffer abschmecken

↓

7 Wurstscheiben hinzugeben, umrühren

↓

8 Suppe in tiefen Tellern oder Suppenschüsseln servieren, knusprigen Speck auf der Suppe verteilen oder separat reichen

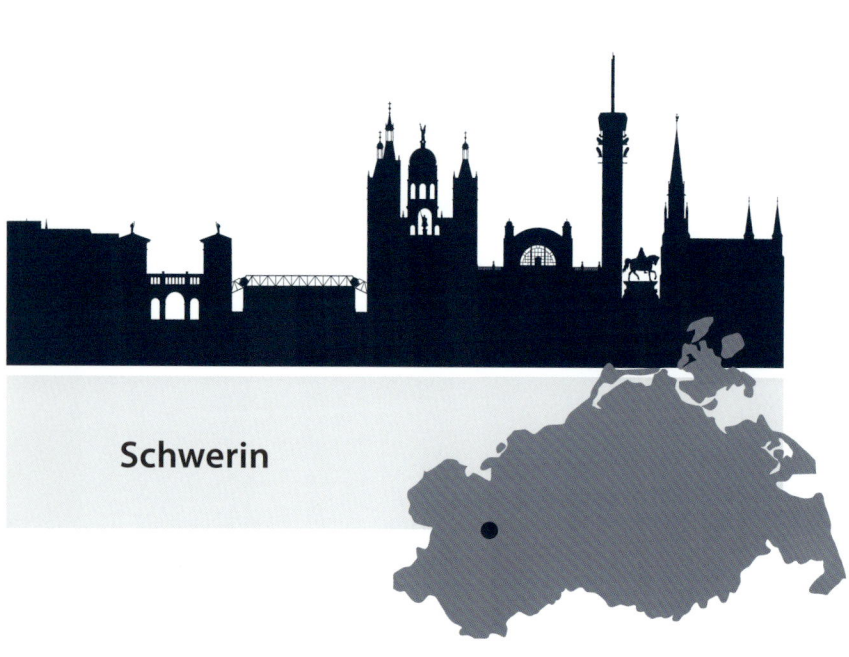

Schwerin

Typisches Mecklenburger Rezept

SCHWERINER HIMMEL UND ERDE
MIT GRÜNEN BOHNEN

(4 Personen)

Liste der Zutaten:

» 800 g Kartoffeln
» 400 g Apfelmus
» 200 g durchwachsener Speck, gewürfelt
» 3 mittelgroße Zwiebeln
» 60 g Backpflaumen
» 4 TL Schnittlauch, klein geschnitten
» 400 g grüne Bohnen (frisch oder TK)
» 1 TL Bohnenkraut
» 1 EL Kräuteressig
» 2 EL Petersilie, gehackt
» Salz, Pfeffer
» Muskatnuss

Ablaufplanung:

1. Frische grüne Bohnen von den Spitzen und Blütenansätzen befreien, zweimal zerteilen (entfällt bei TK-Bohnen)

   ↓

2. Im Topf stark gesalzenes Wasser zum Kochen bringen, Bohnen und Bohnenkraut hineingeben, 10 Min. bissfest kochen

   ↓

3. Bohnen aus dem Kochwasser nehmen, mit Pfeffer würzen, mit Essig und Petersilie vermischen, warm halten

   ↓

4. Zwiebeln schälen, in Würfel schneiden, Backpflaumen grob zerkleinern

   ↓

5. Kartoffeln schälen, vierteln, weich kochen und zerstampfen

   ↓

6. Kartoffelbrei in eine Schüssel geben, mit Pfeffer und Muskatnuss würzen, Apfelmus und Backpflaumen unterrühren

   ↓

7. In der Zwischenzeit Speck in einer beschichteten Pfanne ohne Zugabe von extra Fett langsam knusprig braten

   ↓

8. Speck herausheben und zwei Drittel davon in die Kartoffelmasse einrühren

   ↓

9. Zwiebeln langsam braten im Speckfett, mit dem letzten Drittel Speckwürfel vermischen

   ↓

10. Kartoffelmasse anrichten, Zwiebel- und Speckwürfel daraufgeben, mit Schnittlauchröllchen bestreuen, grüne Bohnen auf den Teller geben

(*) Nachtrag:

Als Beilage wird traditionell heiße Blut-, Leber- oder Bratwurst serviert. Ein Löffel Apfelmus kann dazugegeben werden.

Stuttgart

Hauptsache schlotzig!

SCHWÄBISCHER KARTOFFELSALAT

MIT ESSIG UND SENF

(4 Personen)

Liste der Zutaten:

» 1 kg (kleine) Kartoffeln
» 1 Zwiebel
» 2 EL Essig (Weinessig, 10 %)
» 1 Tasse Fleischbrühe (oder Gemüsebrühe)
» 1 EL Salz
» 1 Prise Pfeffer, weiß
» 3 EL Sonnenblumenöl

Ablaufplanung:

1 Kartoffeln dämpfen, noch handwarme Kartoffeln in Scheiben schneiden

↓

2 Zwiebel klein schneiden, in der heißen Fleischbrühe etwas ziehen lassen

↓

3 Salz, Pfeffer, Fleischbrühe mit Zwiebel und Essig über die Kartoffeln geben

↓

4 Alles vorsichtig mischen, eventuell noch etwas Öl dazugeben

✳ Nachtrag:

Dazu passen ein gebackener Fleischkäse und ein kühles Bier.

1 Kambodscha

2 Kenia

3 Kongo

4 Senegal

6 Togo

5 Tansania

7 Tschechische Republik

BLICK IN ALLE TÖPFE –
STANDORTE WELTWEIT

8 Vietnam

9 Weißrussland

Kambodscha

Streetfood aus Asien

BONGIER CHA MRIK CHAU

GEBRATENE GARNELEN MIT GRÜNEN PFEFFERKÖRNERN

(4 Personen)

Liste der Zutaten:

» 12 Riesengarnelen mit Kopf und Schale, aufgetaut
» 40 g Ingwer (2 Daumen groß)
» 2 Knoblauchzehen
» 1 Glas (100 ml) grüner Pfeffer in Marinade oder frischer grüner Pfeffer
» 2 mittlere Tomaten

» 2 Kaffirlimettenblätter (Asia-Markt)
» ½ Bund Koriander
» Öl zum Braten
» Austernsoße (Asia-Markt)
» Fischsoße (Asia-Markt)
» ½ Limette
» weißer Jasminreis (gedämpft)

Ablaufplanung:

1 Garnelen unter fließendem kalten Wasser abspülen, mit Küchenkrepp trocken tupfen

↓

2 Ingwer und Knoblauch schälen, fein hacken

↓

3 Pfefferkörner gründlich abspülen, von der Rispe abzupfen (pro Person eine schöne Rispe als Dekoration aufheben)

↓

4 Kaffirlimettenblätter in der Mitte falten, die Blattrippe herausreißen, mit einer Küchenschere in feine Streifen schneiden

↓

5 Tomaten waschen, halbieren, entkernen und in Achtel schneiden

↓

6 Koriander waschen, trocken schütteln und grob rupfen

↓

7 Wok auf mittlerer Hitze erhitzen, 2 EL Öl hineingeben, den Ingwer und den Knoblauch darin anschwitzen (Knoblauch darf nicht braun werden)

↓

8 Ingwer und Knoblauch in eine Schale geben, Garnelen bei mittlerer Hitze von allen Seiten anbraten, bis sie rot werden, eventuell noch etwas Öl hinzugeben

↓

9 Ingwer-Knoblauch-Mischung wieder in den Wok geben, Pfefferkörner, Kaffirlimettenblätter, Austern- und Fischsoße hinzugeben, vorsichtig wenden und weiterbraten, bis die Garnelen orangerot sind

↓

10 Tomaten hinzugeben, eventuell mit Fischsoße abschmecken

❋ Nachtrag:

Alles auf einem Teller anrichten, etwas Limettensaft darübergeben und mit dem Koriander bestreut servieren. Reis nicht vergessen!

Dicke Weizencreme

UGALI
GETREIDEBREI AUF SWAHILI

(2 Personen)

Liste der Zutaten:

» 4 Tassen Wasser
» 2 Tassen feiner Maisgries
» ½ TL Salz

Ablaufplanung:

1 Wasser kochen, salzen, Maismehl langsam unter Rühren hinzufügen, bis der Brei eine feste Konsistenz bekommt (Verhältnis von Wasser zum Maismehl 2 : 1, je nach bevorzugter Konsistenz mischen)

↓

2 5–10 Min. bei schwacher Hitze unter ständigem Kneten mit einem Löffel weiterkochen

↓

3 Mit Fleisch oder Fisch servieren

»Ugali begleitet die meisten Mahlzeiten und dient als einfache, füllende Ergänzung zum Hauptgericht, ähnlich wie Fufu in Westafrika. Traditionell wird Ugali mit den Fingern gegessen, zu einem Ball gerollt und mit dem Daumen in der Mitte eine Vertiefung eingedrückt für die Beilagen wie Fleischeintopf, Fischcurry oder Gemüse.«

Kongo

Cuisine Congolaise

SAKA-SAKA ODER PONDOU

CASSAVA-(MANIOK-) BLÄTTER-EINTOPF

(4 Personen)

Liste der Zutaten:

- » 1 Bund Maniokblätter (Saka-Saka oder Pondou)
- » 4 lila Auberginen
- » 1 mittelgroßer Kohl
- » 2 grüne Paprikaschoten
- » 1 Bund Basilikum
- » 2 Fische (Makrele, Thunfisch usw.) frisch oder geräuchert
- » getrocknete Garnelen (optional)
- » 1 Handvoll Frühlingszwiebeln
- » 1 Selleriestange
- » 2 Zwiebeln
- » 1 Knoblauchzehe
- » 1 Handvoll Petersilie
- » 1 Maggiwürfel
- » 1 Prise schwarzer Pfeffer (gemahlen)
- » ½ Liter Palmöl oder Erdnussöl
- » Erdnusspaste (optional)
- » Salz

Ablaufplanung:

1. Stiele von den Maniokblättern entfernen

2. Maniokblätter in Wasser waschen und auswringen

3. Maniokblätter in einem Mörser oder Mixer zerkleinern

4. Klein gehackte Blätter in einen Topf mit zwei Litern gesalzenem Wasser geben und erhitzen

5. Auberginen schälen und würfeln, in den Topf geben und 1 Stunde köcheln

6. Knoblauchzehe würfeln, mit Zwiebeln, Basilikum, Frühlingszwiebeln, Sellerie und Petersilie mischen, eine gute Portion davon in den Topf geben, einen kleinen Teil aufbewahren

7. Fisch reinigen, entgräten und zerkleinern, in den Topf mit der Maniok-Mischung geben, kochen, bis das Wasser absorbiert ist

8. Palm- oder Erdnussöl in einer Pfanne erhitzen, kleine Portion der Gewürzmischung, schwarzen Pfeffer, Maggiwürfel, Paprika und Erdnusspaste (optional) 2–3 Min. köcheln und zu den Maniokblättern (Saka-Saka) in den Topf geben

9. 10–15 Min. köcheln, gelegentlich umrühren

✳ Nachtrag:

Servieren Sie das Saka-Saka mit weißem Reis, Brot oder gebratenen (gedünsteten) Bananen. Bon appétit!

Cuisine Congolaise

HUHN IN ERDNUSS-SOSSE

SAUCE D'ARACHIDE AU POULET

(4 Personen)

Liste der Zutaten:

» 1 Huhn (roh oder gebraten, auch möglich mit vergleichbarer Menge Fleisch oder Fisch)
» 6 EL Erdnusspaste
» 100 ml Pflanzen- oder Erdnussöl
» 2 frische Tomaten, zerkleinert
» 1 EL Tomatenmark
» 2 Zwiebeln, gehackt
» 1 Bund Frühlingszwiebeln, gehackt
» 5 Knoblauchzehen, gehackt
» 2 grüne Paprika
» schwarzer Pfeffer
» 1 Brüh- oder Maggiwürfel
» Salz
» Gemüse nach Wahl (z. B. Spinat)

Ablaufplanung:

1 Huhn (mit Knochen) zerkleinern, in einem Topf mit zerbröselten Brühwürfeln, schwarzem Pfeffer, Salz und Knoblauch gut vermengen und für 30 Min. ziehen lassen

↓

2 2 Gläser Wasser hinzufügen, 20–30 Min. kochen, Bouillon für spätere Verwendung aufbewahren

↓

3 Huhn aus dem Topf nehmen, Öl in einer Pfanne erhitzen, das Huhn goldbraun braten und beiseitestellen

↓

4 Tomaten, Tomatenmark, Zwiebeln, Knoblauch und schwarzen Pfeffer in der Pfanne mit dem verbliebenen Frittieröl für 10 Min. braten, Erdnusspaste hinzufügen

↓

5 Mischung in den Topf mit der Bouillon geben, mit etwas Wasser auffüllen, 10 Min. köcheln

↓

6 Gebratenes Huhn zur Soße geben, je nach Geschmack Chili, Salz, Maggi und Gemüse dazugeben, 20 Min. kochen, bis die Soße dick wird und sich eine dünne Ölschicht absetzt

↓

7 Mit weißem Reis, Brot oder gebratenen (gedünsteten) Bananen servieren

✳ Nachtrag:

Die Erdnusssoße sollte in einem tiefen Topf gekocht werden, da die Soße beim Kochen aufgeht. Den Topf nicht abdecken, wenn die Erdnusspaste hinzugefügt wurde.

Von der Küste Afrikas

BROCHETTES – GEGRILLTE FISCHSPIESSE

MIT REGIONALEN ZUTATEN

(3–4 Personen)

Liste der Zutaten:

» 5 Knoblauchzehen
» 4 Paprikaschoten (grün)
» ½ TL Paprikapulver
» ½ TL Kreuzkümmel (gemahlen)
» 1 TL Salz
» 2 Prisen Cayennepfeffer
» 4 EL Olivenöl
» 2 EL Zitronensaft
» 2 EL frisches Koriandergrün
» 675 g Fisch (z. B. Heilbutt, Wolfsbarsch, Snapper oder Steinbutt, in Stücke geschnitten)
» 2 Zitronen

Ablaufplanung:

1 Knoblauch und Koriander klein hacken, Paprika in Stücke schneiden, mit Kümmel, Salz, Cayennepfeffer, Öl und Zitronensaft in eine große Schüssel geben, vermischen

↓

2 Fisch in die Marinade geben, ganz bedecken, mindestens 30 Min., am besten 2 Stunden marinieren oder über Nacht kalt stellen

↓

3 Grill heiß werden lassen, Fischstücke abwechselnd mit Paprika auf Holz- oder Metallstäbe ziehen, Brochettes von jeder Seite 2–3 Min. grillen, mit Zitronenvierteln servieren

✳ Nachtrag:

Dazu passen gegrillte Zucchinischeiben und rote Paprikastücke, afrikanische gebackene Bananen sowie Reis oder Pommes frites.

Beliebt in Tansania und Kenia

KACHUMBARI
TOMATEN-ZWIEBEL-SALAT

(2 Personen)

Liste der Zutaten:

» 1 große Zwiebel, rot
» 150 g Weißkohl
» 200 g Tomaten
» 2 große Zitronen
» 1 EL Koriandergrün, gehackt
» 1 kleine Chilischote
» Olivenöl
» Salz

Ablaufplanung:

1. Zwiebel, Tomaten in sehr dünne Scheiben schneiden, Kohl zerkleinern und alles in eine Schale geben

↓

2. Saft von 2 Zitronen, Koriander, fein gehackte Chilischote, Öl und Salz mixen und Dressing über geschnittenes Gemüse gießen

↓

3. 15 Min. ziehen lassen

Cuisine Togolaise

MOYO
GEGRILLTER FISCH MIT SCHARFER TOMATENSOSSE

(2 Personen)

Liste der Zutaten:

» 3 ganze Tilapia oder Dorade (Fisch)
» 8 reife Tomaten
» 3 Gemüsezwiebeln
» ¼ Weißkohl
» 4 Knoblauchzehen
» frischer Ingwer (nach Geschmack)
» 2 Habanero-Schoten oder 4 Chilischoten
» 2 Maggiwürfel
» Erdnussöl
» Salz und Pfeffer

Ablaufplanung Fisch und Marinade:

1 3 Tomaten, 1 Zwiebel, 2 Knoblauchzehen, 1 Habanero-Schote oder 2 Chilischoten, 1 Maggiwürfel in einem Mixer zerkleinern, mit Salz, Pfeffer und Ingwer abschmecken

↓

2 Pürierte Zutaten in Erdnussöl anbraten, zu einer Marinade reduzieren

↓

3 Fische ausnehmen, entschuppen, einkerben und mit der Marinade füllen und großzügig bepinseln

↓

4 Fische grillen, weiter mit Marinade bepinseln

Ablaufplanung Tomatensoße:

1 5 Tomaten, 2 Gemüsezwiebeln, Weißkohl, 2 Knoblauchzehen, 1 Habanero-Schote oder 2 Chilischoten, Ingwer auf einem Brett in Würfel schneiden

↓

2 Alles ca. 20 Min. in Erdnussöl anbraten, zu einer Soße reduzieren, mit Salz, Pfeffer und Maggiwürfel abschmecken

✳ Nachtrag:

Dazu Reis, Kochbanane oder Jamswurzeln (afrikanische Kartoffeln) servieren.

Tschechische Republik

Knedliky

BÖHMISCHE KNÖDEL

DER BESONDERE HEFEKLOSS

(4 Personen)

Liste der Zutaten:

- » 2 alte Brötchen
- » 2 Eier
- » 250 ml Milch
- » 500 g Mehl
- » 1 Tütchen Trockenhefe
- » 1 TL Salz

Ablaufplanung:

1. Milch erhitzen, Brötchen einweichen

   ↓

2. Mehl, Salz und Hefe in einer Schüssel durchmischen

   ↓

3. Eier und die aufgeweichten Brötchen mit der Milch dazugeben, gut durchkneten

   ↓

4. Teig an einem warmen Ort 2 Stunden gehen lassen

   ↓

5. Teig in reichlich Salzwasser in einem geschlossenen Topf 30 Min. kochen

   ↓

6. Mit einem Bindfaden in Scheiben schneiden

»Knedliky gibt es in verschiedenen Variationen als Hefe- und Kartoffelklöße, ohne oder mit deftiger und süßer Füllung. Sie sind eine beliebte Beilage, zum Beispiel für Gulasch, oder werden süß als Nachtisch gereicht.«

Spezialität aus Hanoi

BÚN CHẢ
REISNUDELN MIT GEGRILLTEM SCHWEINEFLEISCH

(4 Personen)

Liste der Zutaten:

» 500 g Reisnudeln
» 500 g Schweinefleisch
» 1 unreife Papaya oder Gurke
» 1 Karotte
» 1 rote Zwiebel
» 2 Knoblauchzehen
» 3 EL Zucker
» Fischsoße (Asia-Markt)
» frische Kräuter (Koriander, Perilla)
» Honig
» Gemüsebrühe
» Essig

Ablaufplanung Soße:

1. Unreife Papaya oder Gurke, Karotte schälen, in dünne Stücke schneiden, mit Zucker, Essig, Knoblauch und Gemüsebrühe mischen

↓

2. Fischsoße mit Wasser (Mischverhältnis 1 : 1), Zucker, gehacktem Knoblauch, Essig, Zitronensaft mischen

↓

3. Eingeweichte Papaya (Gurke) und Karotte mit etwas gehackter Chilischote dazugeben

Ablaufplanung Fleisch:

1. 3 EL Zucker in einer Pfanne mit etwas Wasser aufkochen

↓

2. Fleisch in Stücke schneiden, mit Zucker, Fischsoße, Gemüsebrühe, Zuckerwasser, Honig, gehackter roter Zwiebel, Knoblauch und Kräutern marinieren, 3–4 Stunden in den Kühlschrank stellen

↓

3. Eingelegtes Fleisch grillen

↓

4. Mit gekochten Reisnudeln und frischen Kräutern servieren

»Bún Chả ist eine der Spezialitäten, die man auf den Straßen von Hanoi unbedingt probieren sollte. Köstliche Dips und das marinierte Schweinefleisch machen den typische Geschmack von Bún Chả aus.«

Russische Kartoffelpuffer

DRANIKI
MIT CREMIGER PFIFFERLINGSSOSSE

(2–3 Personen)

Liste der Zutaten:

» 6 Kartoffeln
» 500 g frische Pfifferlinge
» 2 Zwiebeln
» 3 EL Weizenmehl
» 300 g Schmand (oder saure Sahne)
» 1 Ei
» 60 g Butter
» Sonnenblumenöl
» Salz, gemahlener schwarzer Pfeffer
» frische Petersilie

Ablaufplanung:

1. Kartoffeln und 1 Zwiebel schälen, waschen und reiben (Reibe mit kleinen Löchern)

   ↓

2. Ei, Salz, schwarzen Pfeffer und Weizenmehl zugeben und zu einer gleichmäßigen Masse verrühren

   ↓

3. Öl erhitzen, einen vollen Esslöffel der Kartoffel-Zwiebel-Masse aus der Schüssel in die Pfanne geben, Pfannkuchen formen, ca. 2–3 Min. pro Seite braten, bis sie braun und knusprig sind

   ↓

4. Butter in einer großen Pfanne bei mittlerer Hitze erhitzen

   ↓

5. Champignons und Zwiebel in die Pfanne geben, anbraten, bis die Pilze braun werden und die Flüssigkeit fast verdampft ist (10–15 Min.)

   ↓

6. Schmand (oder saure Sahne) zu den Champignons geben, alles etwa 8 Min. zu einer Soße kochen

⁕ Nachtrag:

Draniki mit Pfifferlingsoße anrichten und mit Petersilie bestreut servieren.

19 cm

18,7 cm

Impressum
INROS LACKNER SE
© 2018 / 1. Auflage
ISBN 978-3-9820411

Herausgeber
INROS LACKNER SE
Rosa-Luxemburg-Str. 16
18055 Rostock
Telefon +49 381 4567 80
Telefax +49 381 4567 899
rostock@inros-lackner.de
inros-lackner.de

Konzeption und Redaktion
IN PUNKTO Kommunikation gestalten
info@in-punkto.com

Layout
Sandra Zenkert
Mediengestalterin

Korrektorat
Marion Kümmel

Druck
Druckerei Weidner GmbH, Rostock

© Fotos/Illustrationen

Holger Martens, Fotografie & Bildkunst (Titel, Menü-Serie, u. a.),
Claudia Schulze, in-punkto.com,
kitchenkiss.de – stock.adobe.com (34),
Simon Ohm (40, 64),
jumalaSika ltd – stock.adobe.com (42),
Yolene Dabreteau, creativemarket.com (46),
Hannelore Stempfle (48),
Ramon Grosso – stock.adobe.com (54),
skórzewiak – stock.adobe.com (58),
Reinhard Albert (62),
Gabriele Krüger (66),
fomaA – stock.adobe.com (68),
Alexander Prokopenko, creativemarket.com (78),
mahey – stock.adobe.com (86),
Brent Hofacker – stock.adobe.com (92),
so_lizaveta – stock.adobe.com (94),
paul_brighton – stock.adobe.com (98),
Teodora Ninovska (100),
uckyo – stock.adobe.com (102),
Thomas Scharrenberg (104,106),
st-fotograf – stock.adobe.com (116),
Annamavritta – stock.adobe.com (122),
Sławomir Fajer – stock.adobe.com (126),
Dr. Manfred Berlin (138),
anna.q – stock.adobe.com (140),
Natalya Osipova – stock.adobe.com (142),
JanSommer – stock.adobe.com (144),
The baking man, creativemarket.com (156),
bit24 – stock.adobe.com (157),
JiSign – stock.adobe.com (160–187),
Tobias Jacobs (162),
Almaje, creativemarket.com (162),
TwilightArtPictures – stock.adobe.com (164),
JiSign – stock.adobe.com (166),
Africa Studio – stock.adobe.com (168),
JiSign – stock.adobe.com (172),
Uckyo – stock.adobe.com (174),
HLPhoto – stock.adobe.com (176),
Vlentz – stock.adobe.com (180),
SG- design – stock.adobe.com (180),
JiSign – stock.adobe.com (182),
SG- design – stock.adobe.com (184),
creative studio – stock.adobe.com (184),
Nadia-nb, creativemarket.com (190),
Grafvision photography, creativemarket.com (190),
Yuliya – stock.adobe.com (191),
Malajscy – stock.adobe.com (192),
Okyela – stock.adobe.com (192),
Mariesacha – stock.adobe.com (194),
ExQuisine – stock.adobe.com (194),
ALF photo – stock.adobe.com (198),
Posinote – stock.adobe.com (202),
Ildi – stock.adobe.com (202),
Heike Rau – stock.adobe.com (204),
Martin Jakubowski – stock.adobe.com (204),
Uckyo – stock.adobe.com (206),
Ivanna, creativemarket.com (208)

INROS-LACKNER.DE